Jan Manuel García-Reyero

21 . 5 . 86

Francesco Alberoni

# LAS RAZONES DEL BIEN Y DEL MAL

Colección Liberación y Cambio

# LAS RAZONES
# DEL BIEN Y DEL MAL

por

Francesco Alberoni

gedisa

Título del original italiano:
*Le ragioni del bene e del male*
© by Garzanti Editore s.p.a., 1981

*Traducción:* Guido Filippi

*Cubierta:* **Cubierta:** Julio Vivas

© by Gedisa S.A.
Muntaner 460, entlo. 1ª
Telef. 201 60 00
*Barcelona 6*

ISBN: 84-7432-171-9
Depósito Legal: B.1.195 - 1986

Impreso por Romanyà/Valls, S. A.
Verdaguer, 1 - Capellades (Barcelona)

Impreso en España
*Printed in Spain*

# ÍNDICE

# I. LAS TABLAS DE LA LEY

## 1. El problema

El mundo moderno se caracteriza por la desaparición de lo sagrado o por su considerable atenuación. Hasta el pasado reciente toda la vida social más significativa estaba organizada en torno de la religión. Del Egipto de una época han quedado sólo los templos y las tumbas; no la civilización profana, la que vivía en las riberas del Nilo, sino aquella sacra, construida en el desierto, morada de los dioses y los muertos. La primera era considerada y ha sido mortal, la segunda en cambio ha sido construida para ser inmortal. Y es en ella que hemos encontrado el relato de la vida concreta de aquellos hombres. Mas aun en sociedades como la griega o la romana, en las que ocupaban un lugar destacado la reflexión racional y la especialización, los monumentos más importantes eran religiosos y casi toda la meditación y el arte, religiosamente inspirados. La cosa continuará a través del medievo cristiano hasta la revolución industrial. Es a partir de este momento que la banca, el rascacielos de oficinas, el centro económico y político sustituyen a la iglesia, a la catedral.

Hasta esta época reciente toda la vida humana estaba dominada por la distinción entre sacro y profano. La realidad no estaba constituida por un solo nivel sino por dos: había un espacio sacro y uno profano, un tiempo sacro y uno profano, objetos sacros y objetos profanos. Cualquiera puede decir que hoy las cosas siguen así, en nuestras ciudades hay iglesias, muchísimas personas siguen siendo religiosas, se festeja la Navidad y las Pascuas, el Kippur y el Ramadan. Es cierto, mas todo esto nos aparece bajo forma de tradición, de continuación o supervivencia de las cosas que existían en el pasado. Pero todo lo que hacemos va contra esta tradición, la debilita. Los nuevos asentamientos urbanos no son proyectados separando, antes de todo, el área sacra de la profana; los sindicatos, al negociar los días de descanso, no se mueven por motivos o criterios religiosos, y esto ocurre aunque los urbanistas o los trabajadores sean creyentes. Es la cultura moderna la que rechaza la distinción entre sacro y profano, la que se opone, la que la disuelve. Cuando utilizamos un material no nos ponemos a pensar si es puro o impuro, sino si es adecuado o no; si no bebemos alcohol o no comemos grasas no lo hacemos porque nos inquiete violar la ley coránica o la talmúdica, sino porque nos hace mal al hígado. Nuestro calendario conserva el nombre de los santos, mas no es la historia de ese santo, su ejemplo, lo que da significado a ese día. Así el feriado, el fin de semana no es el abrirse del período sagrado, el ingreso al santuario donde se participa de la vida y la experiencia divinas, el mundo de lo extraordinario contrapuesto al mundo profano de la semana laboral. En realidad, nosotros tenemos vacaciones, no feriados en el sentido antiguo. Antes toda la colectividad suspendía cualquier actividad profana y, por días y días, tal vez por meses, representaba la historia sacra y vivía en ella participando de las pasiones divinas: dolor, sacrificio, alegría, exceso, éxtasis.

Paralelamente a la crisis de lo sagrado se extiende el

rechazo del concepto de pecado y hasta del de culpa. Todo el psicoanálisis puede ser considerado una psicoterapia del sentimiento de culpa. Se hace cada vez más incomprensible un sistema normativo rígido, válido para la eternidad. La *sharia* islámica —se lo ve hoy en Irán con la teocracia khomeinista— es una jaula incompatible con el mundo moderno. Ella requiere ser continuamente interpretada y reformada. Lo mismo debe decirse de la *torah,* un ritual minucioso, obsesivo, que, aplicado rígidamente, obstaculiza todo equilibrio. En el mundo católico el confesionario se ha convertido en un lugar de incertidumbre. Cristianos convencidos se niegan a considerar pecado el control de la natalidad o a la sexualidad prematrimonial. Y muchos sacerdotes se sienten más confundidos que ellos. Aquello que en un tiempo era una osada propuesta, el relativismo del culto, es hoy una conducta difundida.

Las normas, a nuestros ojos, son como las leyes del estado: recursos prácticos, modos de dirimir conflictos o de conciliar intereses individuales y colectivos. Mas ninguna se considera inmutable. Aun para la más sagrada de todas, la constitución, está previsto un mecanismo que consiente su modificación. Sólo un desequilibrado puede imaginar un decálogo destinado a valer *para siempre*. ¿Qué significa —en los diez mandamientos— el "no cometer actos impuros"? Hasta hace pocos años el clero católico interpretaba la frase como prohibición de cualquier acto sexual. Mas en el pasado lo impuro era una cosa del todo diferente. Había objetos puros e impuros (por ejemplo, el cerdo) y el mandamiento prohibía el contacto con lo que estaba sacralmente contaminado. Nosotros hemos perdido la categoría de puro-impuro, ya no comprendemos bien qué quiere decir el mandamiento. Un indio *sabe* que el contacto con una casta inferior es contaminante; esta casta para él es impura. El contacto con ella lo contamina como a nosotros tocar un cultivo de bacilos.

Es, sin embargo, un contagio espiritual y es este contagio lo que nosotros no comprendemos más.

Nuestra historia reciente nos ha mostrado la relatividad histórica de las normas morales, así como el conocimiento del mundo nos muestra su relatividad geográfico-cultural. En esta situación, ¿quién puede pretender que exista una ley inmutable y custodios de esta ley?

Es por ello que todo esto ha terminado, nadie puede pensar en conservarlo o en reproducirlo. Ciertamente ello vive en torno de nosotros, dentro de nosotros, como supervivencia. Pero la conciencia moderna, la modernidad, está en el desconocerlo, desenmascararlo, abatirlo, sea que ello derive de un único acto revolucionario, o de una lenta acción disolutoria. ¿Esto quiere decir que estamos marchando no sólo más allá de lo sacro y lo profano sino —para usar la célebre expresión de Nietzsche— más allá del bien y del mal?

Recientemente, Claudio Magris observaba a propósito de la leyenda de Fausto: "Nietzsche se reía de Fausto: el conflicto entre vida y verdad, la angustia por las ausencias y la controversia entre amor y culpa aparecían como un relicto metafísico y beato al filósofo que predicaba el retorno a las cosas próximas de la vida no turbadas por la moral. Aquella risa tiende, desde hace más de un siglo, a transformar en parodia el pacto faustiano y, sobre todo, a Mefistófeles. El diablo parece despedirse de los reinos de la tierra con aquella melancólica mirada de adiós que Woland, el demonio de Bulgakov, dirige desde lo alto a los palacios de Moscú de los que se aleja, al final de *Maestro y Margarita*. La leyenda faustiana presupone, para existir, la lucha entre el bien y el mal, la persuasión de que tiene sentido buscar el sentido de la vida, la personalidad de un individuo con su peculiaridad y sus deseos, con su conciencia y su voluntad recalcitrantes al límite, con sus sueños y sus tablas de la ley. En una sociedad anónima y plana, en la cual el individuo es una mera cristalización de mecanismos impersonales, parece eclipsarse la tensión moral."[1]

## 2. Observantes y libertinos

¿Estamos marchando más allá del bien y del mal? ¿La profecía de Nietzsche se ha realizado o está por realizarse? Esta es la pregunta a la que este libro intenta dar una respuesta, y la respuesta —prefiero anticiparlo ahora— es negativa.

El punto de partida de nuestro análisis lo representa el hecho de que el título de la obra de Nietzsche —título revolucionario y escandaloso en su momento— en realidad podrían haberlo usado muchos otros antes que él. Nietzsche no es sino el último de una larguísima serie de filósofos, pensadores, fundadores de religiones, profetas políticos, que han hecho una promesa análoga. La novedad de Nietzsche está en su despiadado análisis de la moralidad judeocristiana. Es esto lo que ha producido escándalo, no el sentido subterráneo de su discurso, nuestro transitar más allá del bien o del mal. Ello ya había sido anunciado en innumerables oportunidades, si bien cada vez de manera distinta.

Según Nietzsche, en las raíces del bien y del mal existía, antes de la intervención judeocristiana, solamente la contraposición feliz-infeliz. Bueno es toda cosa que se atribuye a quien es rico, potente, feliz, bello. Buenos son también los "sinceros", contrapuestos a los hombres vulgares, los mentirosos, y son los "puros", en contraposición a quien se une al vulgo. Del otro lado están los débiles, los infelices, los mentirosos, los impuros. "Fueron los hebreos —escribe Nietzsche— quienes osaron, con una aterrorizadora consecuencialidad, apretando fuertemente

[1] Claudio Magris: *Com'e difficile ridere di Faust.* "Corriere della Sera", 9 de octubre de 1980.

13

con los dientes del odio más abisal (el odio de la impotencia), invertir la aristocrática ecuación de valores (bueno = noble = potente = bello = feliz = caro a los dioses), es decir 'sólo los miserables son los buenos: sólo los pobres, los impotentes, los humildes son los buenos... mientras en cambio vosotros nobles y poderosos sois para la eternidad los malvados, los crueles, los lascivos... los malditos y los condenados'.''[2] Para guiar a estos miserables, el "sacerdote" debió hacerse semejante a ellos, negar en sí mismo la vida (ascetismo) y describir como "culpa contra Dios" a todos los instintos que había negado en sí mismo. El ha debido además construir una figura negativa —el diablo—, proyección de la naturalidad y el deseo. La moral entonces es la inversión de los valores, una tremenda enfermedad. Si los buenos (es decir, los miserables) sufren, es menester que exista un culpable, y culpables son todos aquellos que tienen deseos, todos aquellos que quieren a la vida. Por lo tanto también los miserables, en cuanto tienen deseos, en cuanto eligen la vida, son culpables. Todos son culpables, todos deben gritar incesantemente "mea culpa, mea culpa, mea maxima culpa". Pero este engaño monstruoso, esta enfermedad del mundo, una vez revelada, tendrá fin. Es tal su monstruosidad e idiotez que se torna posible una trasposición de los valores, en realidad el ponerlos nuevamente del derecho y "poner de tal modo fin a aquel horrible dominio del absurdo y del azar que hasta hoy ha llevado el nombre de historia".[3] Con esta trasposición se disiparán la culpa y el ascetismo, se disiparán Dios y el demonio, subsistirá sólo aquello que la voluntad de poder desea como placer, sea ello imperio o ebriedad dionisíaca. El hombre marchará así más allá del bien y del mal.

[2] Friedrich Nietzsche: *Genealogia della morale*, Mondadori, Milán, 1979, pág. 22.
[3] Friedrich Nietzsche: *Al di là del bene e del male*, Adelphi, Milán, 1978, pág. 103.

14

Freud ha sido probablemente influenciado por Nietzsche.[4] Pero aquí, en el puesto de los hebreos oprimidos y envidiosos, encontramos al niño. Cada hombre, en efecto, en una etapa de su vida, debe depender totalmente del padre omnipotente y feliz. Se rebela, mas es derrotado. Para convertirse en su heredero, para adueñarse de su poder no puede hacer otra cosa que internalizarlo, identificarse con sus prohibiciones, aplicar a sí mismo los terrores que aquél le imponía. El se convierte en el opresor y el torturador de sí mismo a través del superyó. La historia colectiva —puesto que en toda sociedad hay infancia— reproduce el drama individual: Dios no es sino la imagen del padre; el temor insensato de nuestros antepasados frente a la divinidad es el producto del terror al castigo por la rebelión. El sacerdote promete apaciguar a este fantasma inconsciente. Sólo revelando el secreto —que todo es solamente una fantasía infantil convertida en inconsciente— se hace posible la liberación. El adulto, a través de la interpretación, se libera de esta prohibición infantil y del terror que se le asociaba. La historia misma de la humanidad se revela entonces como la historia de este terror depuesto, de este autoengaño. El miedo frente a la divinidad se disuelve como fantasma de la infancia de la humanidad. En la edad del psicoanálisis y la interpretación, el puesto de los fanatismos y los terrores es ocupado por la búsqueda racional del placer. Dios y

[4] Véase también E. Gaède: "¿Nietzsche précurseur de Freud?", en *Nietzsche aujourd'hui*, Union Générale d'Editions, París, 1973. II, págs. 87-113. Sin embargo, E. Jones: *Vita e opere di Freud*, il Saggiatore, Milán, 1961, II, pág. 417, niega tal influencia; mas, en el III, pág. 323 y págs. 333-335, escribe que Freud tuvo bastante en cuenta las obras de Nietzsche. Véase Freud: *Ges. Werke*, XIV, Londres, 1948, pág. 86 (Selbstdarstellung), donde escribe: "Nietzsche... cuyas premoniciones y visiones a menudo coincidieron del modo más sorprendente con los laboriosos resultados del psicoanálisis...". Véase también *Minute della Società Psicoanalitica di Viena*, Boringhieri, Turín, 1973; donde, en las reuniones del 1-IV-1908 y del 27-X-1908, fueron discutidas respectivamente la tercera sección de *Genealogía de la Moral* (Sobre el ideal ascético) y *Ecce Homo*.

el demonio se esfuman para dejar su lugar al placer y al sentimiento, sean ellos más o menos postergados. El éxtasis y los terrores religiosos se aplacan en el eudemonismo. Se diluyen así el bien y el mal como categorías éticas, desplazados por el placer y el displacer, lo útil y lo inútil, lo oportuno y lo inoportuno.

También en este caso la historia es historia de la lenta liberación del hombre de la esclavitud del bien y del mal. Ciertamente, Freud, en la segunda mitad de su obra, cambia completamente el cuadro. La libido, que en un principio se parecía tanto a la voluntad de potencia de Nietzsche, se desdobla en eros y tanatos, fuente uno y otro de placer. Ya había dicho Nietzsche que los hombres gozan al ver el sufrimiento de los demás. Freud, para explicarse la guerra y el inexorable reproducirse de la neurosis, lo afirma aún más explícitamente. El vencedor es feliz sobre el cadáver del enemigo muerto, el dominador se regocija del sufrimiento de su víctima.[5] El hombre no es una criatura mansa: es cruel. Por esto produce sufrimientos en los otros. La agresividad desenfrenada provoca placer a quien la ejercita, mas destrucción y dolor a su alrededor. Y también a sí mismo, dado que, siendo que el hombre ama y odia al mismo tiempo, golpea las cosas que ama y se acarrea dolor. La construcción de la sociedad no es posible si ambos impulsos permanecen libres y descontrolados: la agresividad debe ser confinada a proteger a los objetos construidos por eros; volverse norma. Y este trabajo de transformación de la agresividad en norma no acaba nunca; por el contrario, aumenta con el crecer de la civilización, y ello comporta límites y malestar: el malestar de la civilización. Así retornan el bien y el mal. En la última hipótesis de Freud no hay esperanza de ir más allá de ellos. No existe un momento de liberación final. Por esto

---

[5] Sigmund Freud: *Considerazioni attuali sulla guerra e la morte*, en *Opere 1915-1917*, vol. VIII (Introducción al psicoanálisis y otros escritos), Boringhieri, Turín, 1976, págs. 140-142.

su dualismo ha suscitado tantas decepciones y la rebelión de los optimistas como Reich o las reinterpretaciones de Marcuse.

Para restaurar la perspectiva optimista, Marcuse introducirá el concepto de represión adicional, la represión que depende de la escasez y la necesidad.[6] Ella impone subordinar los impulsos a la organización genital de la libido según el principio de prestación, necesario en esta fase de desarrollo económico. Pero finalmente, en la edad de la abundancia, la represión adicional no tendrá más razón de ser, los dos instintos se reconciliarán y el mundo se volverá danza y juego como ya había prometido Schiller y, después de él, Nietzsche. ¿Qué ocurre, sin embargo, si la abundancia no se produce y en su lugar se instala la escasez? Deleuze y Guattari viven en una época en la que el rostro de la escasez ha vuelto a hacer su aparición. En la lucha contra la norma, el ascetismo, la depresión, contra todo aquello que es límite, pena y obediencia, ellos proponen una trasgresión continua, un continuo quebrar cuanto se estructura: objetos de odio y objetos de amor, autoridad y dependencia: es el esquizoanálisis, la fragmentación.[7] El "deseo", nueva versión de la libido indiferenciada de Freud o la voluntad de potencia de Nietzsche, encontrará su camino instaurando un cosmos dionisíaco más allá del bien y del mal. Cómo, cuándo y por qué, estos autores no lo dicen, la suya es una simple reafirmación de que todo irá bien; que, no obstante las incoherencias y las dificultades teóricas, cuanto habían prometido Nietzsche y el Freud de los tiempos optimistas se realizará: así como aparecieron, el bien y el mal desaparecerán del mundo.

Recapitulemos cuanto hemos dicho: Nietzsche promete la liberación del bien y del mal. El primer Freud ha-

[6] Herbert Marcuse: *Eros e civiltà*, Einaudi, Turín, 1964.
[7] Gilles Deleuze - Feliz Guattari: *L'antiedipo*, Einaudi, Turín, 1975.

ce la misma promesa; la retoman Reich y Marcuse y, a continuación, Deleuze y Guattari y, en general, prácticamente toda la psicoterapia contemporánea. En realidad, también Marx promete la misma cosa. El escenario, los protagonistas son distintos. Y también aquí "aquel absurdo que hasta hoy ha llevado el nombre de historia", la prehistoria, no tiene más razón de ser, está condenada a transformarse radicalmente. Todo ha tenido principio con el origen de las clases sociales. La existencia de las clases obliga a los hombres a una lucha continua, mortal. Entre los grupos en lucha aquello que para uno es subjetivamente verdadero y justo, para el otro es injusto y malo. En la "prehistoria" el hombre está condenado a engañarse a sí mismo y a los demás por medio de la ideología, racionalización de los intereses y de la voluntad de dominio de su clase, para oprimir. Bien y mal son el producto de la cupla amigo-enemigo, que existe en sí, objetivamente, como clases en lucha. Esta existencia, unilateral y falsificada, llegará a su fin el día en que, con la victoria definitiva del proletariado, lo útil individual se reconcilie con lo útil colectivo y con lo universal humano. Entonces desaparecerán los amigos y los enemigos, el bien y el mal.

El escenario, respecto de los autores precedentes, es sin duda diferente y el fin más dramático, imprevisto. El contenido del mensaje de esperanza marxista es, en casi todos sus aspectos, diametralmente opuesto al de Nietzsche. Marx es el heredero de la tradición judeocristiana que confía a los pobres, a los miserables, a los oprimidos la salvación del mundo y el ingreso al reino de la felicidad. La lucha de clases es llevada adelante a fondo y, hasta que no arribe a la liberación final, a la clase que debe redimir al mundo le corresponde cargar con el peso de un ascetismo político y guerrero. La revolución se hace con coraje y disciplina, no con danzas dionisíacas. Un leninista, a los ojos de Nietzsche, habría aparecido como la última encarnación del sacerdote. Y, sin embargo, la promesa

última "seréis liberados del bien y del mal" es la misma.
A esta altura no es difícil hallar vestigios de una tradición
hebrea en las tesis de Marx. Aquello que en Marx es la
"clase" que debe redimir al mundo, en el hebraísmo es el
pueblo hebreo mismo. Tres siglos antes del *Manifiesto de
los Comunistas*, la kabbalah de Isaac Luria había in-
terpretado el drama histórico del pueblo hebreo en términos cósmicos.[8] Para crear el mundo Dios creó primero el
vacío. Fue un acto voluntario en que la totalidad *(En Sof)*
se impuso libremente. En este vacío se difunden las emanaciones divinas como rayos encerrados en vasijas o tu-
bos de cristal que impiden su mezcla. En el proyecto de
Dios el mundo debe entonces nacer ordenado. Mas
ocurre una catástrofe, el *shevirat hakeilim*: las vasijas se
quiebran y las emanaciones divinas se mezclan entre sí y
con la nada. Una parte retorna a Dios, pero otra parte
permanece absurdamente mezclada en la nada. El deber
del pueblo elegido es entonces discernir en el mundo de la
confusión y del mal (el *quelippoth*) aquello que es divino
y aquello que no lo es; distinguir el bien del mal a fin de
que el bien pueda retornar a su origen. De tal modo, un
hombre que observa la *torah* no se limita a obedecer una
ley, sino que su acto tiene un significado universal de redención. En el final (el *tikkun*) la unidad divina será res-
taurada y el mal y el universo físico desaparecerán. Entonces ya no habrá necesidad alguna de separar al bien
del mal.

¿La situación es muy diferente en el cristianismo? En
él la acción de los hombres no contribuye en modo alguno
a adelantar el último día, la segunda vuelta de Cristo. Sin
embargo, también aquí la moral tiene sentido sólo hasta
aquella vuelta. Es durante el exilio del mundo cuando ella

[8] Sobre este tema véase el importante tratado de Gershom Scholem: *Sabbatai
Sevi the Mystical Messiah*, Bollingen Series XCIII, Princeton University Press,
1973. Véanse también los ensayos reunidos en *The Messianic Idea in Judaism*,
Schocken Books, Nueva York, 1971.

es necesaria. Con la segunda llegada, los beatos no tendrán ya más problemas con el bien y con el mal; ellos simplemente ignorarán el mal. Mas todo esto —observará el lector— se desenvuelve en un escenario ultraterreno, mientras que para Marx la felicidad será aquí en este mundo. Ciertamente. Y era precisamente éste el punto que nos interesaba destacar. En el mundo de Marx, Nietzsche, Freud, Marcuse y Deleuze ya no hay más la separación entre sacro y profano que existe en el de Luria o en el del cristianismo. No obstante, en ambos existe la división entre el bien y el mal y existe también la esperanza, la promesa, la teoría de su desaparición. El universo sacro y el desacralizado tienen en común la existencia del bien y del mal y una promesa de que tal distinción desaparecerá. Por otra parte, tanto en el judaísmo como en el cristianismo la liberación de los deberes de la ley —la superación del bien y del mal— ha sido varias veces proclamada históricamente.

Entre los seguidores de Gioacchino da Fiore, que había profetizado el advenimiento de la era del espíritu para una fecha alrededor del 1260, se difundió la idea de que la ley y los mandamientos válidos para la era del Hijo estaban superados. De tal modo los Hermanos del libre espíritu actuaban como libertinos espirituales, se consideraban más allá del bien y del mal tal cual estaban históricamente establecidos.[9] Lo mismo ocurrió con diversos grupos derivados del movimiento de Sabbatai Zevi tras su apostasía. Nathan de Gaza, Cardozo y Baruchya Russo sostuvieron la tesis de que, antes de la redención mesiánica, el universo era gobernado por la *torah* de *beriah*, es decir por el árbol de la sabiduría (del bien y del mal), pero tras el advenimiento mesiánico pasó a ser gobernado por el árbol de la vida (la *torah* de *atzilut*). Si Adán no hu-

---

[9] Howard Kaminsky: *The Free Spirit in the Husside Revolution*, en Sylvia L. Thrupp: *Millenial Dream in Action*, Schocken Books, Nueva York, 1970, págs. 166-186.

biese comido del árbol de la sabiduría (del bien y del mal),
no habría pecado. Sólo el mesías —que nunca ha tenido
contacto con el árbol de la sabiduría— puede redimir al
hombre. Así, con su llegada la ley (la *torah* de *beriah*) se
suspende.[10] Los hombres pueden perseguir la felicidad.

Volviendo aún más atrás, encontramos ideas simila-
res en la Gnosis.[11] A diferencia del hombre normal, el
hombre neumático (el liberado) no está sujeto a las obligaciones de los otros: aquello que para los otros es pecado para él no lo es. Por lo tanto su trasgresión es un acto
liberador para todos.

Observamos así períodos históricos en los que se pone gran énfasis en la norma, en la separación entre el bien
y el mal, entre lo puro y lo impuro y la liberación de estas
constricciones es confiada a un mañana escatológico o revolucionario. Mas hay otros períodos históricos y otros
grupos según los cuales la liberación debe ser obtenida
ahora y pronto, aduciendo la madurez de los tiempos.
Las diferencias entre católicos ortodoxos y Hermanos del
libre espíritu, entre los hebreos de ortodoxia rabínica y los
"creyentes" de los movimientos que siguieron al Sabbatai Zevi, recuerdan las diferencias entre los marxistas leni-
nistas ortodoxos —inflexibles militantes— y los seguidores de Marcuse o de Deleuze. En el primer caso la obliga-
ción moral, la militancia, el deber, son instrumentos indispensables para una liberación revolucionaria. En el segundo caso las condiciones para la liberación individual y
colectiva se consideran ya existentes, y por lo tanto el fin
de la distinción entre bien y mal se anticipa: la transgresión, la liberación individual son parte de la liberación colectiva y definitiva.

Todo cuanto hemos dicho está ligado a la tradición
judeocristiana, de la cual, al menos en forma traspuesta, el

[10] Gershom Scholem: *Sabbatai Sevi...*, obra citada, págs. 815 y siguientes,
y *The Messianic Idea in Judaism*, obra citada, págs. 70-76.
[11] H. Leisegang: *La Gnose*, Payot, París, 1951.

marxismo es continuador. Pero podemos observar que el mismo tema aparece en el Islam. Aquí la ley *(sharia)*, como en el judaísmo, emana directamente de Dios. No existe en el islam la componente sombría del hebraísmo, la vida no es un exilio angustioso, el sufrimiento y el dolor no son el signo visible de la elección. Tampoco existe en el islam aquella obsesión antisexual y antierótica que caracteriza al cristianismo. El ideal del rey cristiano es el de un asceta del sexo, el ideal del califa islámico es el de un refinado amante. Sin embargo, también hallamos en el islam una amplia corriente de insatisfacción por el mundo, una corriente para la que la sharia será siempre una necesidad y una pena que Dios quitará el último día. Existen también en el islam movimientos mesiánicos y en todo el *shia* la espera del imán oculto (comparable al mesías oculto de la tradición talmúdica) es una componente fundamental. En particular en el shiísmo ismaelita y, más específicamente, entre los Nizaris, la espera del *Qa'im* (resurrección y redención) se concibe como algo ya realizado, interiormente, en los seguidores de la secta, tanto que en 1164 fue proclamado oficialmente en Alamut. En aquel día, dice un texto ismaelita, ''fueron quitados del cuello de los siervos de Dios las ataduras y los cepos de la ley''.[12]

La tradición ismaelita persa nos conduce con facilidad al mazdeísmo. Y es en él ciertamente donde encontramos, por primera vez, testimonios escritos de la instauración del bien y del mal. En las *Gatha*, Ahura Mazda es el padre de numerosas entidades, entre ellas Angra Mainyu, el espíritu destructor que elige, merced a su libre voluntad, el mal. La separación entre bien y mal es así objeto de una elección conocida por Ahura Mazda (que es omnisciente y se encuentra más allá del bien y del mal) y que se manifiesta en los dos espíritus gemelos. Los dioses y los

---

[12] Alessandro Bausani: *Persia Religiosa*, il Saggiatore, Milán, 1959, págs. 211-212.

22

hombres son igualmente libres de elegir entre aquellos y tal es su tarea terrena. Mas Zaratustra considera la "transfiguración del mundo" ligada a la aniquilación del mal. Ya en el sacrificio el oficiante se convierte en *maga*. Él así recupera el estado de pureza y de inocencia que precedía a la "mezcla" de las dos esencias. Él, de tal modo, anticipa en concreto y en sí mismo la renovación universal. El tema, aparecido con Zaratustra, continúa con la "herejía" de Manes. Según los maniqueos, tras pruebas apocalípticas y tras el juicio de Cristo, el mundo arderá durante 1468 años y las partículas de luz, reunidas en la última estatua, subirán al cielo, mientras la materia será concentrada en una masa, el bolo, y sepultada en una fosa cerrada por una piedra. Entre luz y tinieblas, bien y mal, ya no habrá más contacto alguno. El fatigoso trabajo de separación en que consiste la moral habrá terminado. Con Mazda la liberación presenta características de "iluminación" individual. El hombre en el cual se han concentrado las fuerzas religiosas no tiene entonces más necesidad de obligaciones religiosas exteriores.[13]

Hemos hecho una larga incursión retrospectiva a través de la historia y hemos hallado un tema recurrente. *En la religión, en la filosofía, en la política hay siempre quien promete la liberación del peso del bien y del mal y quien (los libertinos) declara que tal liberación ya ha tenido lugar.* Si ahora volvemos al presente debemos hacernos una pregunta: ¿hemos realmente llegado al fin de un período histórico iniciado cerca de tres mil años atrás, con el surgimiento de la agricultura, de las ciudades, de las clases? ¿Hemos avanzado o estamos avanzando más allá del bien y del mal? Interroguémonos sobre lo que implica esta pregunta. Si el período de la ética ha finalizado, ya no deberemos encontrar imperativos éticos universales y estables. Si el período no ha finalizado, los encontraremos y encon-

[13] Alessandro Bausani, obra citada, pág. 128.

traremos después también personas que, o prometen el fin futuro del bien y del mal, o lo declaran ya actuado en el presente. Si no encontramos imperativos éticos universales y estables, entonces algo ha realmente cambiado. En caso contrario, estamos autorizados a pensar que se estaría repitiendo cuanto ya ha ocurrido en el pasado: quien declara que la ley está abolida pertenece a la categoría de los "libertinos". El hecho de que sean muchos quienes sostienen la disolución de la moral significa que la componente cultural libertina es muy fuerte, nada más. La cuestión, entonces, se puede resolver observando los hechos. Si también en nuestra época encontramos prohibiciones absolutas, imperativos éticos, entonces aquello que se dice sobre la superación del bien y del mal debe entenderse como parte del proceso ético mismo. Los libertinos, como hemos visto, no eran amorales; eran, a lo sumo, impacientes.

### 3. ¿Progreso moral?

Comenzamos esta investigación partiendo de algún hecho elemental, fácilmente identificable y sobre el que se pueda encontrar un consenso evidente. Hay numerosos hechos de este tipo, mas podemos comenzar por uno que es muy representativo a juicio de un autor de moda: Jean Baudrillard. Tomamos como punto de partida el caso de canibalismo por él citado. Tras la batalla, los vencedores o comen rápidamente a los vencidos, o ponen a los prisioneros en cabañas especiales o en el agua, para comerlos más tarde. A propósito de esto, Baudrillard observa: "Mucho más que un acto de sustento, el devorar no es una transustanciación del maná en favor de quien come: es un acto social, un proceso sacrifical en el que está en juego todo el metabolismo del grupo. Ni satisfacción de deseo, ni asimilación de lo que fuere, es por el contrario un acto de ofrenda, de consumación y de trasmutación de la carne en relación simbólica, transformación del cuerpo muerto en cambio social.''[14] Ahora bien, nosotros *no somos más capaces* de comprender este tipo de acción sobre los hombres, vemos siempre en ella una *intención personal* y no podemos evitar el hacernos cargo del sufrimiento y el terror de la persona sacrificada. El hecho de ''entender'' el significado simbólico de un acto, igualmente no impide que sintamos horror cada vez que un hombre es sacrificado o torturado con un fin simbólico. C. G. Jung, citando a Laurens van del Post, relata una ceremonia en la cual, para restaurar las fuerzas declinantes de un jefe, es elegido un hermanastro suyo, un muchacho de doce años. Este es atado a un árbol junto a un río y dejado nueve meses en el agua para que, poco a poco, se blanquee. Cuando está ''blanqueado'', es decir, transformado simbólicamente en pan, y al mismo tiempo en ''blanco'' o sea portador de la potencia de los blancos, es sacrificado y algunos trozos dados a comer al hermano enfermo.[15] En otras ceremonias análogas, la persona que debe ser transformada simbólicamente sufre la rotura de brazos y piernas para que el cuerpo, puesto en el agua, se vuelva mórbido como el pan, se convierta en el más completo símbolo. Nosotros comprendemos muy bien los significados simbólicos: nueve meses es la duración de la gestación, blanco = pan = hombre blanco = potencia. Pero somos incapaces de aceptar moralmente una acción semejante. Otro ejemplo inquietante es el de un rito celebrado por la secta de Harran.[16] Sus seguidores tomaban un hombre y lo introducían en un recipiente lleno de aceite. Durante cuarenta días lo dejaban sin agua y lo ali-

[14] Jean Baudrillard: *Lo Scambio Simbolico e la Morte*, Feltrinelli, Milán, 1979, pág. 152.
[15] C. G. Jung: *Il Simbolo della Transformazione della Messa*, en *Opere*, vol. XI (Psicología y Religión), Boringhieri, Turín, 1979, págs. 234-235.
[16] C. J. Jung, obra citada, págs. 232-233.

mentaban con higos macerados en aceite de sésamo. De este modo el cuerpo se maceraba y se transformaba "simbólicamente" o alquímicamente en oro. Entonces al sacrificado se le cortaba la cabeza, la que era usada para las predicciones. Muchísimos símbolos que nos son familiares tienen un origen similar: la tonsura de los sacerdotes católicos es el último residuo de una escalpación ritual, a su vez símbolo de muerte-resurrección.

Lo que nos diferencia de este tipo de moral pasa por el rechazo de usar la muerte y el sufrimiento del hombre para operar transacciones simbólicas. Esto no significa que el hombre contemporáneo sea menos agresivo o menos social. La gente continúa muriendo y matando para la sociedad. Ni siquiera la crueldad ha desaparecido. El mundo contemporáneo abunda en crueldades tal vez mayores que las del pasado y se caracteriza por un "cinismo" aún más grande. Mas nuestras categorías interpretativas y explicativas han mutado. En cada acción debemos vislumbrar una intención agresiva, nuestra o ajena.

En los ejemplos dados no podemos comprender cómo los oficiantes no se daban cuenta de que sus actitudes eran "crueles". Esos actos son para nosotros actos agresivos ejecutados con una verdadera insensibilidad moral. La muerte y el sufrimiento de otro son imputados a una intención agresiva que proviene de nosotros. Por otra parte, es el reconocimiento de nuestra intención agresiva lo que nos hace comprender, ver, sentir el sufrimiento del otro; quizá sea, más aún, lo que le da su condición de tal. Todo lo que se hace debe tener una intención positiva (el nosotros, los buenos) o negativa (el enemigo, el malo).

Nosotros mismos no podemos representarnos sino como buenos: a favor de los buenos o en contra de los malvados. El criminal es ejecutado porque ha cometido una falta o para dar el ejemplo, aun para satisfacer el deseo de venganza; mas a nadie se le ocurre torturar a un "inocente" para transformarlo simbólicamente en pan o en oro. Esta transición ética es obra de las grandes religiones monoteístas. En el cristianismo el cuerpo y la sangre de Jesucristo son representados simbólicamente por el pan y el vino, y no por el cuerpo y la sangre de un joven sacrificado. En el islam está prohibido cualquier reemplazo simbólico y —para que la prohibición sea absolutamente radical— son prohibidas también las imágenes sacras. Pero en la época que nos concierne más directamente, la que podemos hacer corresponder al iluminismo (si bien en realidad había comenzado antes), está prohibida éticamente toda aplicación de sufrimiento a los hombres, incluso como recurso punitorio. Como bien ha sostenido Foucault, el mecanismo de la justicia se transforma radicalmente y la pena se justifica como instrumento de reclusión o de recuperación del criminal. El último acto de este proceso lo representan los campos de concentración chinos o vietnamitas, llamados campos de reeducación. Sólo en las revoluciones se ven los fusilamientos públicos, verdaderas venganzas sobre el enemigo. Además se supone que esto ocurre "en caliente", inmediatamente después de la revolución. El mundo quedó bastante desconcertado tras la petición iraní de que el Sha fuera extradito para ser condenado y ejecutado en Teherán.

El ejemplo de la transformación simbólica puede considerarse no válido porque nosotros ya no creemos en la eficacia práctica de esas acciones. En el mundo de la ciencia y la tecnología modernas no se cura a un enfermo con prácticas mágicas, se lo manda a un hospital. Podría entonces observarse que en situaciones de aguda necesidad nosotros estaríamos dispuestos a hacerlas y lo descartamos sólo porque disponemos de una técnica más eficaz. La repugnancia moral frente al sufrimiento, en realidad, no se limita a la transformación simbólica. Pensemos en nuestra imposibilidad de admitir los tormentos eternos del tipo que el cristianismo reservaba a los pecadores. El infierno de la *Divina Comedia*, tomado al pie de la letra —y no poéticamente—, es algo decididamente atroz. Nos cuesta creer que la gente de aquella época pudiese imaginar un más allá donde, por cualquier maldad y hasta por un rasgo de personalidad, la gente debiese ser torturada, escarnecida, no una sola vez, sino para la eternidad. "Inconcebible" es la única expresión adecuada que·expresa la distancia entre nuestra manera de pensar y este universo ético. ¿Qué sentimientos tenía la gente de esa época, cuánta crueldad, cuánta inextinguible sed de odio llevaban en sí, cada día, en sus relaciones cotidianas? ¿Cómo se comportaba esta gente con quienes estaba en conflicto, con quien no amaba, con los herejes, con quien consideraba un pecador? ¿Qué pensamientos tenía al encontrarlos, al hablar con ellos: qué fantasías realizaba? Por otra parte, el infierno dantesco no es más que la transcripción, *sub specie aeternitatis*, de la crueldad de los suplicios, y de la cotidianeidad de esta crueldad. Mientras en el caso de la transformación simbólica el rechazo moral llegó con las grandes religiones de salvación, el cambio de opinión acerca de los suplicios es mucho más reciente. Esto último ha sido muy bien documentado por Foucault, al menos en lo que se refiere a Francia.

Transcribiré sólo dos citas para recordar al lector la profundidad de esta transformación: "Aun en las postrimerías del siglo XVIII, en 1772, encontramos sentencias como ésta: a una criada de Cambrai, que ha asesinado a su patrona, se la condena a ser conducida al lugar del suplicio dentro de una carreta 'que sirve para limpiar las inmundicias en cada encrucijada'; habrá allá un patíbulo al pie del cual será ubicado el mismo sillón en el que estaba sentada la nombrada de Laleu, su patrona, cuando aquélla la asesinó; y, habiéndose sentado, el ejecutor de justicia le cortará la mano derecha y en su presencia la arrojará al fuego, y le dará inmediatamente después cuatro golpes con el hacha de la que ella se sirvió para asesinar a la nombrada de Laleu, de los cuales el primero y el segundo en la cabeza, el tercero en el antebrazo izquierdo, y el cuarto en el pecho; hecho esto será colgada y estrangulada en el nombrado patíbulo hasta que la muerte llegue; y tras un intervalo de dos horas su cuerpo será descolgado, y la cabeza separada de él a los pies de la nombrada horca sobre el nombrado patíbulo, con la misma hacha de que se sirvió para asesinar a su patrona, y la cabeza expuesta sobre un palo de veinte pies fuera de las puertas de la nombrada Cambrai, en cercanías del camino que lleva a Douai, y el resto del cuerpo puesto en un saco y enterrado junto a la nombrada pica, a diez pies de profundidad.[17] La ceremonia punitiva es pues aterrorizante al máximo. Los juristas del siglo XVIII, al inicio de la polémica con los reformadores, darán a la crueldad física de las penas una interpretación restrictiva y 'modernista': si son necesarias penas severas, es porque el ejemplo debe grabarse profundamente en el corazón de los hombres. En efecto, más aún, aquello que hasta entonces subtendía a la práctica de los suplicios no era una economía del ejemplo, en el sentido en que se la entenderá en la época de los ideólogos (la representación de la pena sobrepasa al interés del crimen), sino una política del terror: hacer visible a todos, sobre el cuerpo del criminal, la presencia total y absoluta del soberano. (...) Podemos comprender, partiendo de esto, algunas de las características de la liturgia de los suplicios. Y ante todo la importancia de un ritual que debía ostentar su fasto en público. Nada debía ocultarse de este triunfo de la ley. Los episodios eran tradicionalmente siempre los mismos y, sin embargo, las sentencias de condena no dejaban de enumerarlos, tal era su importancia en el mecanismo penal: desfiles, altos en las cruces de caminos, pausa a las puertas de la iglesia, lectu-

---

[17] Michel Foucault: *Sorvegliare e Punire*, Einaudi, Turín, 1976, págs. 49-50.

ra pública de la sentencia, arrodillamiento, declaración en alta voz de arrepentimiento por la ofensa hecha a Dios y al rey.''[18] Foucault muestra cómo esta orientación desaparece para dejar su lugar a otra concepción de la culpa, de la pena, a la separación entre el momento de la condena y el de la ejecución, a la vigilancia y a todo el aparato conceptual para encasillar, medir, adiestrar a los individuos. Hay, tras este proceso, una transformación de la estructura social y el afirmarse de concepciones utilitaristas. Existe también, en fin, el desarrollo de un ''saber'' acerca del hombre y la sociedad, que admite el prever racionalmente las acciones y enderezarlas en la dirección deseada sin el uso de la crueldad física. Una capacidad ''técnica'' que se hace posible gracias a la racionalización de la acción social.

La desaparición del más allá, del juicio divino, del pecado, de los suplicios eternos y de su correspondiente mundanalidad no ocurrió por obra de una creciente insensibilidad moral. Cesare Beccaria y los grandes reformadores del siglo XVIII revelaron una nueva dimensión moral que nosotros no podemos dejar de considerar como un ''progreso''. Si miramos hacia atrás no podemos dejar de considerar este progreso alcanzado de una vez por todas del mismo modo que el progreso de la física o de la medicina. Sin embargo, a diferencia de estas ciencias, no lo vemos como un ''descubrimiento'', sino más bien como una develación, el claro aparecer de algo que ya oscuramente los hombres sabían o debieran haber sabido. El ''relativismo cultural'', nuestra capacidad de comprender, de explicar, de justificar comportamientos y reglas morales distintas de las nuestras nos llevan a considerar a nuestra moral como una entre las tantas posibles. Mas esto sólo abstractamente. En realidad, nuestro comportamiento respecto de la moral no difiere de nuestro

[18] Michel Foucault: obra citada, págs. 53-54.

comportamiento respecto de la ciencia. Sabemos por los antropólogos que hay "saberes" científicos también en las sociedades primitivas, por los historiadores que había una ciencia antigua, pero seguimos convencidos de que la verdadera ciencia es la nuestra. Aun cuando admitimos medicinas alternativas, es sólo porque reconocemos en ellas una eficacia similar o superior a la de la medicina occidental y porque pensamos poder unificarlas, algún día, en un único saber paradigmático. En cuanto a la moral, la diferencia está en otro punto. Como tenemos la impresión de que nuestros antepasados tenían o podían tener nuestros mismos juicios de valor, en consecuencia, si pensamos en un futuro progreso moral podemos pensarlo sólo como develación de aquello que ya ahora podríamos saber y hacer.

Volvemos ahora al problema del que hemos partido. Hemos visto que ocurrieron transformaciones de la sensibilidad moral, transformaciones que nos parecen irreversibles y universales. Hemos dado el ejemplo de la transformación simbólica, del concepto del infierno, de las penas y de los suplicios. Es esencial tener presente, a los fines de nuestro trabajo, que estas transformaciones *no sobrevinieron como "pérdida" del sentido moral; como un ir más allá del bien y del mal, sino como afirmación de imperativos éticos nuevos*, nuevas prohibiciones, nuevas acciones meritorias, nuevos problemas morales.

En cuanto concierne a nuestro contacto con la crueldad y la agresividad, este largo proceso transformador desembocó teóricamente en el psicoanálisis de Freud, con la división en dos clases de instintos: los que unen y conservan (el eros) y los que destruyen (la agresividad). Cualquier acción que produce sufrimiento a otro es considerada una acción propia e intencionalmente agresiva. Es difícil subestimar el aporte de la revolución freudiana. En todas las relaciones sociales, y hasta en las relaciones consigo mismo, el hombre moderno ha aprendido o está aprendiendo a reconocer la componente agresiva de las propias acciones, incluso a nivel inconsciente. La madre demasiado ansiosa para con su hijo descubre que, en realidad, ha mezclado pensamientos o fantasías agresivas con su recelo.

Después de la revolución freudiana, el ascetismo se ha convertido en autoagresividad, masoquismo o depresión. El enemigo se ha convertido en el producto de nuestra elaboración persecutoria de la agresividad, el lugar en que ponemos nuestra agresividad y de donde se nos devuelve objetivada, proveniente de lo exterior. Después de Freud el sacrificio de la cruz hace nacer la pregunta: "¿qué había hecho de malo Dios para tener que ser sacrificado?". Ya no hay nada que escape a la intención agresiva. Durante un cierto tiempo el concepto de inconsciente ha constituido una defensa contra esta cruda "verdad". La intención agresiva existe —en sustancia se decía—, mas es inconsciente, no deseada y por lo tanto irresponsable. Así, toda la terapia psicoanalítica estaba dedicada a revelar la intención agresiva inconsciente mostrando su inocuidad. A ello servía la ecuación inconsciente = infancia. Nuestra agresividad, nuestro feroz deseo de matar no era, en realidad, sino la agresividad hacia el padre de la primera infancia transferida a la edad adulta. No era entonces al enemigo o al perseguidor a quien se odiaba, sino a algo olvidado, a una fantasía infantil. Y, hecha la interpretación, la agresividad y el deseo de matar se desvanecían porque habían perdido su objeto. Pero esta tranquilización duró poco. Freud reafirmó que la agresividad es ineliminable. Ella resurge en la vida adulta, se reconstituye *ex novo*, perennemente, más allá de la interpretación. Hoy esta lectura del inconsciente se ha vuelto transparente para todos y aquella desresponsabilización que, en un primer tiempo, el psicoanálisis había favorecido se está diluyendo rápidamente. Como resultado, nos encontramos con que debemos reexaminar algo que creíamos eliminado: la voluntad y el libre arbitrio.

Volvamos un instante al proceso de desresponsabilización. Este es iniciado en el siglo pasado con los conceptos de enfermedad mental, de locura criminal, de criminal como enfermo. Generalizando aún más, podemos decir que entre el siglo pasado y el principio del presente se fue imponiendo un modelo determinista del hombre. Para cada acción debía haber una causa, un motivo, consciente o inconsciente; incluso la voluntad debía de alguna manera necesitar de algo más: fuerzas bioquímicas, fuerzas económicas, fuerzas psíquicas inconscientes. Todo individuo, hiciere lo que hiciere, estaba en su derecho de decir que no tenía ninguna responsabilidad, que en realidad no había querido en absoluto hacerlo. En la psicología de Pavlov, todo lo que un hombre hace debe explicarse de algún modo con los reflejos condicionados. Ese hombre cree ser libre, mas en realidad su elección no es sino el precipitado de las cadenas de reflejos inscriptas en las células de su encéfalo. En el behaviorismo norteamericano cambian sólo las palabras: si alguien hace una elección es porque ese tipo de respuesta ha sido reforzada en algún remoto pasado, y la contraria, inhibida. Según el primer psicoanálisis, si uno se enamora debe haber habido —quién sabe dónde— algún significante infantil que indujo a la elección, y si, tras haberse enamorado, atormentado por un dilema uno decide renunciar a su amor y afrontar el terrible período de la soledad y la petrificación, será por algún complejo infantil, alguna frustración, algún cambio de acento oculto en un rincón, o por un inconsciente deseo masoquista. La experiencia directa, inmediata, del dilema, de la situación de elección en la que me impongo tomar uno u otro camino y asumir todas las consecuencias porque lo he querido yo, esta experiencia continua, recurrente, esta experiencia por la que todos pasamos, es sólo producto de nuestra ignorancia, de nuestra estupidez. Contra este proceso de desresponsabilización hoy van abriéndose camino las consecuencias últimas de la revolución freudiana: si el inconsciente es nuestro pasado, aquél es fundamentalmente el producto de nuestras decisiones; no podemos hablar más de agresividad inconsciente cuando conocemos o podemos, con un mínimo de atención y de ayuda, identificar a la componente agresiva de nuestras acciones, nuestros deseos y nuestras fantasías. Ya ni la ideología nos defiende. El hecho mismo de estar obsesionados por un enemigo ideológico o personal significa que hay agresividad en nosotros.

A esto ha contribuido también nuestro dominio de la técnica. Toleramos cada vez menos a las cosas, nos oponemos, decimos sí o no. Frente a un sufrimiento físico vamos al médico, tomamos medicamentos, nos sometemos a una operación y, si no lo hacemos, sabemos que podríamos haberlo hecho, que deberíamos haberlo hecho. El argumento de ser dominados por fuerzas inconscientes o colectivas no nos absuelve. Nos encontramos con un bagaje de agresividad que no podemos eliminar y que, además, visto desde esta perspectiva, no quisiéramos tener. Toda nuestra historia, toda nuestra civilización está construida sobre la elaboración. La novedad del mundo moderno, después de la revolución freudiana, está en que no quisiéramos tenerla, en que la agresividad —en cuanto ya es intencionalidad— está mal. En efecto, el bien y el mal no han desaparecido; por el contrario, se nos aparecen de un modo totalmente insoportable. Si antes podía justificar mi agresividad (se presentara como ascetismo o como lucha contra un enemigo) porque era Dios quien me la demandaba, o la Historia o la Clase, ahora ya no estoy en condiciones de hacerlo. Soy responsable. Es una hiperresponsabilidad, una sobrecarga ética, algo que jamás había existido antes. El sufrimiento del mundo moderno de ningún modo proviene del avanzar más allá del bien y del mal, sino del haberse des-

plomado en el medio, sin mecanismos de defensa, sin co-
artadas. *El hombre moderno se siente responsable de su
propia naturaleza agresiva.* Y he aquí la paradoja: si es
naturaleza, no debería sentirse responsable; sin embargo,
él se siente responsable lo mismo y no sabe por qué es así.
¿Por qué, si la agresividad es nuestra naturaleza, no seguimos el camino indicado por Nietzsche? ¿Por qué no
nos desatamos libres y felices en el construir y destruir todo? ¿Por qué no vestimos, de cuando en cuando, las más-
caras de un carnaval perpetuo? La propuesta del libertino
parece razonable. Sin embargo, hay algo que nos frena: la
visión de las consecuencias de ese desenfrenamiento.
También aquí Freud tenía razón: la mezcla de los dos impulsos y su liberación según el principio del placer inmediato significa el caos exaltador y aterrorizante, pero significa también el triunfo de *thanatos* porque el objetivo
de *thanatos* es separar, dividir, descomponer. Quien
quiere esto, en términos freudianos, quiere la nada: el
nihilismo. Por otra parte, la imagen de un único universo
de amor es de igual modo peligrosamente ilusoria, porque
en éste se reproducirían la violencia y la crueldad que, en
un acto de ingenuidad, habíamos querido eliminar. Por
cierto que la agresividad es el mal, nosotros somos res-
ponsables de ella, mas esta responsabilidad no se refiere a
su existir, aunque sí al dónde va y al cómo va. El criterio
de responsabilidad puede encontrarse sólo en las configuraciones sociales. Entre las infinitas configuraciones posibles sólo algunas son buenas, otras son malvadas, ma-
lignas. Nosotros podemos elegir entre unas y otras porque son todas producidas por nosotros, pero nuestra elección no es indiferente, es moralmente calificada. La agresividad se halla presente en igual medida en todos los
mundos posibles, si bien algunos pertenecen al bien y
otros al mal. Y la línea divisoria entre ambos no es en absoluto arbitraria. Como hemos visto, sabemos que la
transformación simbólica operada sobre un ser humano

para nosotros hoy está mal, que el mundo de Pol-Pot y sus despóticos niños está mal. No podemos hacernos ilusiones: estamos frente a los mandamientos de las tablas de la ley de nuestra época histórica.

## 4. Vicios y virtudes

Hemos encontrado un primer elemento en muchos aspectos antiguo (el no matar es un antiguo mandamiento), mas en otros nuevo, porque la agresividad aun inconsciente, aun colectiva, aun ideológica, no había sido nunca imputada e inculpada como tal. Procedamos ahora a la inspección preliminar de las estructuras éticas de nuestra época.

De lo ocurrido en los últimos siglos se destaca sobre todo el desmesurado aumento de nuestras capacidades técnicas y el desarrollo de una manera de pensar en términos técnicos. Casi todas las cosas que los hombres primitivos debían pedir a los dioses se realizan hoy con medios técnicos. Casi todas las cosas extraordinarias que los hombres religiosos podían imaginar e intentaban obtener a través de experiencias interiores son también realizables con medios técnicos. Si la lluvia no llega en el momento propicio, se la reemplaza con la irrigación; si la sequía se prolonga, el gobierno compra alimentos en el exterior y los distribuye; si la caza o la pesca escasean, se establecen estaciones de cría apropiadas. En lo que se refiere a las fantasías de poderes extraordinarios, privilegio de los dioses y de quien estaba en contacto con ellos, la situación es igual. Es posible trasladarse a distancia en tiempos extremadamente breves con los aviones, es posible la imagen a distancia con la televisión, la presencia como fantasma con la holografía, la comunicación a distancia con el teléfono. La medicina ha eliminado la amenaza cotidiana del dolor físico y de la muerte física. En una sociedad sin técnicas médicas era absolutamente necesario prepararse para la muerte. Lo que hoy llamamos una simple bronquitis o pulmonía, una trivial infección intestinal, llevaban a la muerte... Y había un momento en que tanto el enfermo como los familiares se daban cuenta de que ya no había nada que hacer. Así, ellos reconocían el momento de la muerte. En la sociedad técnica, si bien subjetivamente pensamos estar cerca de la muerte, no podemos estar seguros. Una pulmonía gravísima se cura en pocos días, un brazo cortado es reimplantado, una hemorragia terrible, compensada por una transfusión. Nuestro juicio subjetivo no tiene más valor, ya no nos sirve de guía y será siempre así en la medida en que la medicina siga progresando técnicamente.

Análogo predominio de la técnica se encuentra, además, en otros campos, como la eliminación de la pobreza o la reducción de las desigualdades sociales. Por doquier, frente a una necesidad o a un problema, frente a un deseo o a una esperanza, la respuesta es buscada a nivel técnico. No obstante la opinión muy difundida hoy entre los intelectuales acerca de la monstruosidad de esta tecnificación del mundo, la enorme mayoría de la gente la acepta con gusto porque es la realización de un antiguo sueño. Prueba de ello es que nadie querría volver atrás, prescindir de las técnicas adquiridas. Si uno de nosotros se enferma o tiene a alguno de sus seres queridos enfermos, más bien espera que la medicina haya hecho más progresos, espera encontrar un hospital mejor equipado y médicos más preparados. Cuando, en el pasado, la curación milagrosa era confiada a un santo taumaturgo, se consideraba una cosa buena; no se ve por qué no debe considerarse buena ahora que depende de la preparación de un concienzudo cirujano.

Sin embargo, esta prevalencia de la técnica comporta una profunda transformación en el plano moral. En un mundo de ricos y de pobres, sin medicina y sin tecnología, el eliminar los sufrimientos estaba confiado a la caridad, a la bondad individual, y los héroes de esta bondad (altruismo, generosidad, desinterés, piedad, compasión) eran los santos o un cierto tipo de santos. Mas con el desarrollo de la técnica y la organización, el alivio de los sufrimientos pasa a depender del acto de inteligencia. La penicilina vale más que mil quinientos millones de buenas acciones, cuando ninguna de ellas elimina la enfermedad. Generalizando, el mejoramiento de las cosas no depende de estados de ánimo, de disposiciones de ánimo como generosidad o participación en el dolor, sino del auxilio de la técnica. Basta reconocer racionalmente el problema, identificar el mal y dar lugar a la intevención terapéutica o correctora, cuya eficacia no está en función de la disposición de ánimo. Una corrección no es más eficaz si se la hace con ánimo bondadoso, al igual que no lo es una operación quirúrgica. Antes no: admitido el mal o el problema, tenía lugar un compromiso emotivo individual, una participación individual total: no existía una técnica aséptica capaz de dar resultado. Allí donde hoy falta la técnica y se invoca a la bondad, se recurre sólo a un sucedáneo provisional en espera de una técnica. Dondequiera que sea se requiere técnica y organización. La piedad, la compasión, la participación en el dolor, la compañía en el sufrimiento no sirven, no tienen valor. Una virtud decae cuando no sirve a los fines. La virtud de la compasión es sustituida por la denuncia o la búsqueda, la compasión pura se considera estéril. Nadie quiere recibir compasión, sino ser "comprendido" y ayudado. Comprendido quiere decir comprendido como problema, dilema, arbitrariedad, incerteza; ayudado, pero sin aquel acompañamiento sentimental que consiste en hacer sentir nuestra atención en el contexto de una humanidad disminuida, pobre, una vida mutilada, mezquina, molesta, exhausta. Compasión significa "te amo porque eres débil" y significa también "yo no lo soy y me hago débil". Pero debilidad es vicio.

Ser oprimidos es virtud; ser débiles, pobres, tristes, sufridos no lo es. El sufrimiento, la aceptación del sufrimiento no es más una virtud. A cada paso se busca el auxilio técnico que vuelve inútiles el sufrimiento y su aceptación. Nietzsche no tendría hoy nada más que decir: su mensaje ya se ha cumplido.

Dicho esto, ¿podemos concluir que han desaparecido o están por desaparecer los valores y las virtudes? No. ¿Por qué motivo deberían desaparecer? La técnica no se pone en movimiento por sí misma, la técnica es el producto del deseo y la voluntad. En el mundo mueren de hambre millones de personas. Compadecerse no sirve. Mas la intervención técnica no se estimula si no se produce un interés, una necesidad, una voluntad. Nunca se habría inventado la vacuna contra la viruela si los hombres no hubiesen querido eliminar la viruela; no se habría desarrollado la manufactura si los hombres no hubiesen deseado más bienes; nunca se habría luchado contra la pobreza si una coalición de pobres y no pobres así no lo hubiese querido. Por otra parte, si bien el desarrollo de la técnica reduce la importancia de ciertas virtudes, requiere otras en compensación. En el mundo moderno se han convertido en virtudes la competencia técnico-organizativa y la dedicación orientada hacia un fin. Ya no condenamos a una persona que no observa estricto luto durante seis meses, pero condenamos duramente a quien, teniendo a su cargo a un enfermo, no hace todo lo posible —por meses o años— para curarlo. En la época en que no podía curarlo su deber era asistirlo hasta la muerte y llorarlo tras la muerte. Ahora su deber es curarlo por todos los medios, arruinarse económicamente si es necesario para hacerlo curar, resistiendo a la desesperación. En todos los casos se le requiere hacer todo lo posible. Es el contenido concreto de este *posible* lo que cambia, no las intenciones. El valor moral de una acción no desaparece, se desplaza. Toda la torsión de los valores se produce en torno de un centro representado por el aumento de las posibilidades técnicas. Este mismo aumento es un mandamiento fundamental del que deriva inmediatamente el mandamiento para uso *perinde ac cadaver:* "Buscarás continuamente técnicas más eficaces para alcanzar los fines individuales y sociales y no te detendrás en esta búsqueda sino tras haber experimentado su absoluta e inexorable zozobra".

## 5. Nuevos mandamientos

¿Podemos encontrar otros mandamientos característicos y generales de nuestra época? Volvamos por un instante a lo que hemos dicho en la primera parte de este capítulo. Lo sagrado se nos ha presentado siempre como superioridad respecto de una inferioridad, orden jerárquico inmutable en el que están inscriptos los hombres y sus funciones. Dicho en otras palabras, la mayor o menor presencia de lo divino crea diferencias abismales entre los hombres. No nos interesa en este punto si la jerarquía sagrada es un reflejo de las desigualdades de clase. Nos limitamos a tomar nota de que el universo sacro produce diferencias de valor entre los hombres. Como caso límite tenemos a los reyes divinizados, como en China o en los reinos hinduistas-budistas del sudeste asiático o en la Sublime Puerta del imperio otomano. Esta diferencia abismal puede presentarse también separada del poder terreno: es la figura del "santo" que renuncia al mundo, mas, al mismo tiempo, se eleva infinitamente por encima del hombre profano y más aún del perdido, del condenado. De esto no sobrevive nada en el plano ético. Lo que caracteriza al mundo moderno no es más una simple pérdida: es, en realidad, un vuelco. La ética del mundo moderno prescribe que no debe haber diferencias entre los hombres. Ella afirma que la naturaleza humana es tal que se encuentra enteramente, en su totalidad, en cada uno de los hombres. Todos los hombres tienen el mismo valor, ninguno puede afirmar que tiene más valores que otros, nadie puede decir: "yo soy más inteligente, o más santo, o más justo que todos ustedes". Nadie puede hacer una afirmación de este tipo sin provocar una ola de rechazo, de repugnancia. El hecho mismo de decirlo demuestra que no lo es. Como todas las grandes prescripciones éticas, su trasgresión se presenta intuitivamente, inmediatamente como algo contradictorio. Es como si uno se vanagloriase de la propia humildad y de la propia modestia. Yo no puedo vanagloriarme de mi humildad y de mi modestia porque si lo hago no soy ni humilde ni modesto. Es así que el hombre moderno, si bien interiormente está perfectamente convencido de ser superior a su interlocutor, está constreñido por un imperativo ético a no creerlo, a no decirlo, a no admitirlo. Su superioridad puede ser constatada por los demás, apreciada por los demás, pero no puede tomarse como una virtud. Y puesto que no hay virtud sin superioridad, ya no puede haber más virtudes en el sentido tradicional. Esto no impide la valoración ética de una persona, la apreciación de sus acciones, de sus capacidades, de su constancia o de su altruismo, mas, no obstante estas cualidades, esta persona continúa siendo perfectamente igual a todas las demás, teniendo el mismo "valor" que todas las demás.

Al igual que con la agresividad —que existe por naturaleza pero que no debe existir éticamente— existe en el mundo moderno un inmenso, desmesurado esfuerzo colectivo por conservar la escala de superioridad e inferioridad de las acciones, pero en el marco de una absoluta igualdad entre los hombres. En el caso de la agresividad, las ideologías, las necesidades sociales son componentes de una "puesta en escena" que absuelve al hombre de la culpa originaria de la agresividad. En el caso de las desigualdades físicas, sociales y morales, la totalidad de la vida cultural y social constituye una "puesta en escena" que por un lado las pone de manifiesto pero por otro lado las oculta, las esconde, las niega. En la sociedad se multiplican continuamente valores, virtudes, apreciaciones y desaprobaciones, se reconstituyen jerarquías. Pero nadie —en occidente como en oriente, en los Estados Unidos como en la Unión Soviética— puede decir que el mundo social debe estar fundado en las desigualdades. Esto es, nadie puede decir: "los hombres son desiguales por naturaleza" ni puede tampoco decir: "los hombres deben ser educados de manera que sean desiguales". Así como habíamos encontrado inconcebible la transformación simbólica operada sobre un hombre, del mismo modo es para nosotros absolutamente inconcebible una propuesta de organización social como aquella dada por Platón: el poder debe reservarse a los que saben, a los sabios, a los filósofos. Esto no significa que no haya quien sabe, pero no por esto él debe tener el poder. El hombre superior no debe pensar que es superior, el hombre superior no tiene ningún derecho al poder. En todo y para todo él debe ser como los otros. No existe ningún tipo de naturaleza ni de educación que garantice conocer lo justo, lo verdadero y lo bueno para todos. Pero de aquí deriva el imperativo por el cual todos deben estar incesantemente a la búsqueda de lo justo, lo verdadero y lo bueno; todos deben continuamente saber, continuamente buscar, continuamente desear el conocimiento y la elección. Como yo no puedo decir que soy superior a alguien, así nadie puede decir que prefiere la ignorancia al conocimiento, la obediencia a la libertad, el no reflexionar al reflexionar, el no decidir al decidir. El conocimiento es un imperativo ético, la decisión es un imperativo ético, la libertad es, por lo tanto, un imperativo ético.

Muchísimas personas y nosotros mismos en buena parte de nuestra vida preferimos, en realidad, ser guiados, preferimos que algún otro elija por nosotros, que algún otro, sea un individuo o una institución, tome decisiones en lugar nuestro. En la mayor parte de los casos no sabemos realmente cómo son las cosas, no sabemos qué es mejor o peor; buscar, decidir, nos fatiga y nos angustia. Preferimos confiarnos a quien es más competente, a quien es más sabio o, de modo aún más simple, seguir lo que nos prescribe la organización, el reglamento, el partido. Preferimos esto y hacemos esto. Sin embargo, no podemos traducirlo como prescripción ética ni para nosotros ni para los otros.

En el plano de lo político estas prescripciones éticas configuran —como ideal absolutamente general— la democracia. El modo concreto en que la democracia es después entendida, la puesta en escena que otorga privilegios a ciertas cosas y oculta otras, cambia enormemente de país a país. Pero la democracia en cuanto sistema político en el que todos los hombres deben entrar en el proceso de la decisión, en el que todos debieran ser iguales no sólo abstractamente sino también en la práctica concreta del poder, por lo tanto en el que todos son inducidos a saber, a participar y a decidir, es un ideal difundido en todo el planeta. No hay ni puede haber ningún régimen que pretenda instaurar una monarquía por derecho divino, o una autocracia, o una dictadura. Aun la dictadura del proletariado, es decir de la inmensa mayoría de la población sobre la minoría, se considera sólo una fase transitoria hacia la democracia completa, en la que no hay más dominadores ni dominados y en la que se extingue, en consecuencia, el Estado.

## 6. Conclusiones y problemas

En el mundo contemporáneo se ha difundido la convicción de que todos los valores están en crisis. Se nos puede inmediatamente preguntar si —como había profe-

43

tizado Nietzsche— es que estamos entonces marchando
más allá del bien y del mal. Para responder a esta pregunta hemos observado los hechos y nos hemos dado cuenta
de que, en realidad, también en el mundo contemporáneo
existen imperativos éticos universales. Ya no son los del
pasado pero, como aquéllos, se nos imponen con la fuerza
de las antiguas tablas de la ley. Tenemos, además, la experiencia de un "progreso moral". Por lo tanto no nos
hemos mudado más allá del bien y del mal. Sin embargo,
la manera en que esta distinción se presenta en el mundo
moderno es distinta respecto de aquella del mundo antiguo. En aquel entonces la idea del bien se relacionaba con
lo divino. El fin último, por definición, era Dios. ¿Tenemos hoy todavía fines últimos y, si aún los tenemos, en
qué consisten? Esta es la pregunta que trataremos de responder en el segundo capítulo.

## II. LOS FINES ÚLTIMOS

### 1. Después de los dioses

En el comportamiento de los hombres primitivos y
de las sociedades religiosas hay algo que, a nuestros ojos,
aparece incomprensible e insensato. Todos los fenómenos
naturales, como la salida del sol, la vuelta de la primavera, el buen tiempo o la lluvia, se consideraban cosas que,
sin las prácticas mágicas apropiadas o los ritos adecuados, podrían no suceder más. En una sociedad de ca-
zadores, tras la caza, se practicaban ciertos ritos para que
los animales se reproduzcan en abundancia; en las sociedades agrícolas la fiesta de principio de año asegura el retorno de la primavera. Es como si el orden natural estu-
viese siempre a punto de desaparecer y sólo la acción ritual lo conservara con vida, le asegurara su regularidad.
En realidad, el orden natural, aun el primitivo, no puede
aparecer sino como algo fijo. Observaba justamente
Durkheim: "Lo que caracteriza a la vida de la naturaleza
es una regularidad que se acerca a la monotonía. Cada
mañana el sol sale en el horizonte, cada tarde desaparece,
cada mes la luna cumple el mismo ciclo, el río corre inin-

terrumpidamente sobre el mismo lecho; las estaciones traen periódicamente consigo las mismas sensaciones."[1] ¿Por qué el hombre ha vivido todas estas cosas como precarias?; ¿por qué el sol, que surge todos los días, siempre, y lo saben todos, hasta los niños más pequeños, habría debido *no* surgir? Admitida la capacidad de recordar y de establecer sucesiones —cosa ampliamente probada entre los primitivos y matemáticamente cierta entre nuestros antepasados religiosos—, ¿por qué el hombre tenía miedo de que el sol no volviese? ¿De dónde derivaba la idea de estar a merced de fuerzas inestables y no recurrentes? El animal no teme a estas cosas. Es el hombre, mejor dicho el hombre adulto, quien les teme, quien transfiere a la naturaleza una inestabilidad subterránea que existe en él y que a cada momento amenaza aniquilarlo, a él y al mundo. El ser de las cosas está siempre a punto de desvanecerse. Al hombre se le escapa el ser: tiene capacidad de aferrarlo, de apretarlo. Hace monumentos de piedra y toma compromisos, imagina dioses inmortales y los obliga a concertar pactos. En el mundo religioso, en el que hay separación entre sacro y profano, la vida profana y el tiempo profano están siempre a punto de desaparecer. Sin embargo, el tiempo profano es lo único que, ante nuestros ojos, debiera ser fuente de estabilidad, una cadena ininterrumpida de certezas, el eterno retorno de lo ya conocido, lo que pacifica definitivamente. En lo ya conocido no puede haber temor ni amenaza.

No obstante, el mundo profano, el mundo de lo ya conocido, sufre una debilidad: tiende a perder su significado, su intención. Ese mundo debiera ser más estable porque es el más próximo a la regularidad del animal, pero esa estabilidad se vuelve ignorancia, torpeza. La repetición de lo ya conocido produce inconsciencia. No existe el

---

[1] Emile Durkheim: *Le forme elementari della vita religiosa,* Edizioni di Comunità, Milán, 1963, pág. 89.

temor de que no nazca el sol, pero la conciencia se atenúa y es como si el hombre no viese más el sol, no viese más la noche o, de cualquier modo, no le interesa; y no le interesa el trabajo, ni el recuerdo del trabajo y el esfuerzo. Todo se convierte en ese fluir que es la vida del animal, un fluir que es un no pensar, un no saber; en fin, un no sentir, un sueño.

Contra este fluir se establece entonces una oposición. El hombre ha rehuido este estado y lo rehúye continuamente, y para rehuirlo, para quebrarlo, ha establecido dentro de sí puntos fuertes, tensiones de valor y de ser que lo trascienden. Los espíritus, los demonios y los dioses, son los medios con que el hombre ha negado su sueño, son los momentos de su despertar, son los símbolos de una fuerza que se contrapone a la naturaleza. Los edificios sociales, culturales y simbólicos específicamente humanos producen esta fuerza de ser, orientan y recuerdan. Pero al mismo tiempo estas fuerzas que se imponen y se encuentran son más terribles que aquellas, obtusas y ocasionales, de la naturaleza. Con esta ''dupla'' la protección es permanente, mas es también permanente la amenaza. Estas fuerzas sólo pueden moderarse y mantenerse paralelas por medio de reglas. Las relaciones entre ambas deben comandarse mediante rituales. Puesto que su origen es social e imaginario, mutan con el mutar de las formas sociales y tornan precario al mundo empírico y profano. En consecuencia, los valores están permanentemente amenazados tanto por el peligro de refluir en el sueño profano cuanto por la colisión que tiene lugar en su propio reino. No es pues el sol lo que *puede no* surgir a la mañana. Es el deseo del hombre de querer las cosas que ha construido lo que *puede no* surgir. Y sin estas cosas dotadas de valor desaparece todo interés por el sol o por la noche. Hoy ya nadie teme que el sol no salga o que no retorne la primavera. No hay necesidad de ceremonias o de ritos para asegurar la permanencia de las cosas naturales. Mas, como en el pasado, nada garantiza a los hombres que mañana seguirán teniendo interés en aquel sol o en aquella noche porque su valor, su significado, hoy como en el más remoto pasado, dependen de las relaciones internas de la vida social y cultural. Si dejan de ser cosas que tienen valor, el trabajo cotidiano del hombre y su interés por la naturaleza se desvanecen.

Se podía suponer que el mundo profano, el de lo ya visto, lo ya conocido, el más próximo al mundo animal, fuese inestable porque su fuerza y su permanencia estaban confiadas a lo sagrado, a los edificios de piedra, a los dioses y a los vínculos que les habían sido impuestos. Eliminado lo sagrado, esta fuerza y este significado habrían vuelto a adherirse a lo profano, revitalizándolo, divinizándolo desde su interior. El fin de la separación habría debido producir una armonía de gran intensidad. Mas nada de eso se ha producido. Sacada de en medio la distinción entre sacro y profano, no ha ocurrido ninguna redención o divinización de lo profano. En el mundo moderno el plano de la cotidianeidad, de la repetición y de la certeza se desvanece como en el mundo antiguo. Hablando de una novela de Svevo, Claudio Magris escribe: "El anciano ríe, mientras se acuesta a medianoche, pues piensa que si apareciese Mefistófeles estaría dispuesto a darle su alma pero no sabría qué pedirle a cambio; él ríe, imaginando la turbación del diablo, que no tiene nada para ofrecer. La vida librada de las jerarquías morales carece de placer y de felicidad, no tiene más sentido ni seducción, no induce a tentación ni se hace desear. En otras palabras, se esfuma."[2]

Sobre el templo de Apolo del que Parménides era sacerdote estaba escrito *E*. Al respecto observa Vegetti: "Eso significa *Ei, tú eres* y es el único saludo con el que

[2] Claudio Magris: *Com'è difficile ridere di Faust*, "Corriere della Sera", 9 de octubre de 1980.

uno puede acercarse al dios; el único al que corresponde
en sentido preciso y total la *predicación del ser.*"[3] Parménides elimina la referencia personal al dios, evita el
nombre y el ser se convierte en una entidad teorética
neutra, pero conserva el estatuto sagrado. También las
ideas platónicas tienen dignidad divina y la idea suprema
—el bien— se convertirá en el uno de Plotino, el dios del
monoteísmo absoluto. En esta tradición cultural la relación entre ser y valor nunca se pierde. Para Platón el ser
siempre está subordinado a la idea suprema del bien y, de
allí en adelante, Dios será siempre la beatitud beatificante, el objeto total del deseo y de la voluntad. Debemos
ahora preguntarnos: ¿esta tradición se ha interrumpido
o continúa? ¿El mundo moderno (respecto del mundo
sacro-profano) ha perdido o ha, en cambio, conservado el
ser como valor? No estamos hablando de Dios ni de
dioses ni de ideas. El problema está en si, eliminada la dicotomía sagrado-profano, ha aparecido otra para ocupar
su lugar, como el ser de Parménides había ocupado el lugar de Apolo. Sólo cuando hayamos explorado este
problema podremos preguntarnos qué relación hay entre
los imperativos éticos respecto del ser como valor.

También en este caso debemos partir de datos ele-
mentales y evidentes de la experiencia, algo que cada uno
puede reconocer en sí mismo. ¿Por qué, nos habíamos
preguntado, los hombres realizaban ritos para que saliese
el sol, visto que el sol sale siempre y como sea? Sin esta divinización y sin estos ritos el sol habría reaparecido, pero
al hombre no le habría importado más nada, ni siquiera
se habría acordado. Hay, en esta observación, una indicación que considera *la intensidad, la importancia*, el deseo que se desvanece y que puede en cambio reaparecer y
reaparece, mas bajo forma de deseo hacia el sol-dios y el
rito que se le asocia. Nuestro punto de partida será este

---

[3] Mario Vegetti: *Il coltello e lo stilo*, il Saggiatore, Milán, 1979, pág. 66.

*imponerse* y este desvanecerse, la necesidad de una *diferencia de categoría* que era representada en un tiempo por el par sacro-profano y lo es ahora bajo la forma del ser como valor. Por ejemplo, una cosa que existe y tiene valor y que por lo tanto es objeto de nuestro deseo y que nosotros deseamos de tal manera que todo el resto, comparado con ella, se coloca en otro plano, en un plano inferior.

En una investigación de este género el punto de partida no puede ser sino el más obvio y elemental. Dado que estamos hablando de deseos, de lo que es deseado y deseable, partamos de este dato de hecho: nuestra vida es un continuo sucederse de necesidades, deseos, aspiraciones. Nuestros deseos, y más aún los deseos de todos los hombres, son innumerables y probablemente inclasificables. A veces ni siquiera sabemos qué queremos, pero percibimos la exigencia de un algo, de un cambio en nosotros o en lo exterior. También esto es una necesidad, también esto es un deseo. A los fines del presente tratado es irrelevante estudiar si hay o no deseos inconscientes. Mas supongamos que los haya. Si a estos deseos conscientes o inconscientes, espirituales o materiales, económicos o no económicos logramos satisfacerlos, sentimos placer; si no lo logramos, sentimos disgusto. En cierto sentido son el mismo placer o disgusto que nos revelan los deseos. También podríamos decir —como muchísimos antes que nosotros— que lo que verdaderamente deseamos es sólo, tan sólo el placer. Los deseos son la condición para encontrar placer. No hay nada más allá del principio del placer. Cuando Freud usó la expresión "más allá del principio del placer" entendía una búsqueda del placer que falla y debe volver sobre sus pasos.[4] Es a partir de esta infinita o indefinida trama de deseos que debemos encontrar objetos, entidades que sean deseadas por sí mis-

---

[4] Sigmund Freud: *Al di là del principio del piacere,* en *Opere 1917-1923,* vol. IX (L'Io e l'Es e altri scritti), Boringhieri, Turín, 1977, págs. 193-249.

mas. Ellas no pueden ser sino algo que, gracias a su permanecer, asegure una continua satisfacción de las necesidades y deseos del sujeto. El prototipo de este objeto que permanece es la madre del niño, puesto que es ella quien continuamente satisface sus deseos. El objeto es deseado como objeto permanente en cuanto sacia el incansable y siempre renovado flujo de deseos. De hecho no sólo en la infancia sino también en nuestra vida adulta experimentamos sentimientos de reconocimiento y deseamos estar cerca de quienes nos ocasionan alegrías. Queremos estar cerca de nuestros amigos porque podemos contar con ellos en caso de necesidad, porque su compañía nos resulta placentera, porque nos aseguran la satisfacción de lo que buscamos. Hay, en el campo de las necesidades humanas, una clase particular de necesidades eróticas que pueden ser satisfechas sólo por una cierta persona. La persona que amamos nos procura placeres que ninguna otra nos sabe dar, por esto la deseamos y la amamos, por esto nos interesa que ella exista y esté a nuestra disposición. ¿Debemos concluir que los objetos dotados de valor son aquellos capaces de asegurarnos una constante satisfacción? Ciertamente en esta proposición hay algo de cierto, pero ya un análisis superficial nos permite darnos cuenta de que esto no basta. Por otra parte, también Freud, para definir a los objetos de amor estables, hablaba de objetos de amor y de identificación, es decir de objetos que entran, a través de la identificación, en la estructura del yo o directamente en el ideal del yo, algo que trasciende al yo empírico. En realidad, partiendo de un flujo de deseos no es posible en modo alguno deducir la permanencia de objetos capaces de saciarlos en forma estable. *El principio del placer no justifica la existencia de objetos permanentes*. Aquellos que quieren volver a fundar la ética sobre una base ingenuamente eudemonística no logran explicarse por qué no pasamos continuamente de relación en relación de acuerdo con el placer que nos procuran, descartando rápidamente lo que nos cree frustración, contratiempos, lo que nos hiera. En la realidad de los hechos nosotros permanecemos fieles por años y años a pocos amigos; cuando amamos, amamos quizá para toda la vida; nos sentimos profundamente vinculados a nuestra ciudad, a nuestra nación, a nuestra religión o a nuestro partido. Nos cuesta mucho abandonarlos, nos crea sentimientos de culpa, dudas, dilemas. Imaginar que la época moderna se caracterice por la disolución de estos vínculos es, más que algo no probado, estúpido. Ciertamente sentimos como una pesada carga los vínculos que derivan de nuestras relaciones estables, de nuestros hábitos, del pertenecer a grupos, mas no podemos liberarnos a voluntad. Estas cosas han entrado en forma constitutiva en nuestro ser empírico. Freud lo sabía perfectamente y es a partir de este conocimiento —no de su ignorancia— que debemos proseguir la búsqueda. Todavía una vez, para avanzar, debemos observar los hechos. Repitámonos la pregunta: ¿cómo se constituyen los objetos que tienen valor, los que son de tal modo objeto de nuestro deseo que todo el resto, en comparación, se halla en otro plano, inferior?

Comenzamos observando que, en el curso de la vida cotidiana, en la mayor parte de nuestra vida de cada día, no tenemos ninguna experiencia de este género. Sentimos fuertes deseos, tenemos grandes esperanzas o desilusiones, pero no somos capaces de constatar que ello es esencial para nosotros, que de ello no podemos prescindir en absoluto. O quizás tenemos estos momentos, fugaces, mas el conjunto de estos instantes no produce un todo coherente que se nos imponga y permanezca en nosotros como objeto.

Si sólo existiese este aspecto de la vida, nosotros no sabríamos, en realidad, qué cosa es más importante y qué es menos importante. En el fluir de la vida cotidiana no se constituye, no se impone, no se afirma ninguna jerarquía.

Hay, por cierto, jerarquías implícitas, la memoria de jerarquías preexistentes, establecidas. Nosotros sabemos que amamos a nuestro hijo o a nuestro marido o a nuestra esposa o a nuestra madre, lo sabemos, lo damos por descontado, mas no experimentamos un deseo punzante. Sabemos que nos son esenciales, mas no tenemos ninguna experiencia inmediata de esta esencialidad. La importancia, la indispensabilidad de una persona *se nos aparece* sólo en ciertos momentos. He usado la expresión *se nos aparece* porque es precisamente un darse cuenta, un ver aquello que no se veía, un descubrir. El ser como valor se manifiesta, aparece, se revela.

## 2. La pérdida

La primera, más simple forma de manifestación del ser como valor se da cuando algo, alguien que nosotros amamos nos es sustraído, o se va, o muere. Los padres atareados y fatigados se dan cuenta de que el hijo está enfermo, o que se ha caído, o que se ha lastimado. La enfermedad, la desaparición, el rapto, el peligro de muerte constituyen un marco que hace elevarse al ser amado a un nivel de importancia y de prioridad absoluto. El niño se ha perdido: se abandona toda actividad, todos los problemas que parecían urgentes e importantísimos pierden su importancia. La importancia de ese niño se impone sobre toda otra cosa, encontrarlo se convierte en el fin único de toda nuestra potencialidad de acción, él es el objeto pleno de nuestro deseo. El temor de su muerte hace explotar nuestra conciencia, el deseo de encontrarlo la invade en su totalidad; los polos son dos: por un lado, la desesperación, por el otro; la felicidad. La felicidad del posterior reencuentro podrá durar sólo un instante, mas la felicidad anticipada por el deseo produce vértigo, así como produce vértigo la angustia. He dado el ejemplo del niño

que se pierde, y tal vez este ejemplo no sea totalmente válido
visto que ya antes existe un amor intenso. En realidad,
la misma experiencia es válida con personas con las que
no existe un deseo y un amor activos. Pensemos en el caso
de una pareja de cónyuges que no tienen una relación particularmente feliz, en suma, una pareja normal. Probablemente su vida cotidiana esté llena de desacuerdos,
de frustraciones, podemos incluso imaginar que ellos en
realidad no se quieren mucho. Mas uno de ellos es secuestrado y se pide un rescate para liberarlo con vida. Es
en este momento que el otro sabe, se da cuenta, si lo
quiere o no. El secuestro se basa en el presupuesto de
que, en una familia contemporánea, el secuestrado no es
abandonado al secuestrador, es decir en el presupuesto
de que éste se vuelve esencial exactamente como el niño
del primer ejemplo. El secuestro del presidente Moro en
Italia ha demostrado cuánta distancia hay entre la familia
y el partido y el Estado en lo que respecta al valor de un
individuo. Si bien Moro era considerado importantísimo
por el partido y por las autoridades del Estado, su vida
podía ser comparada con otros valores, por ejemplo con
el éxito político de las Brigadas Rojas que lo habían secuestrado. En realidad, ningún Estado tiene necesidad
absoluta de un individuo. No es así para la familia, en
particular para la esposa. No sabemos ni tiene mucho
sentido preguntarse si era así también antes del secuestro. Es éste lo que hace aparecer el valor absoluto de
Moro ante los ojos de la esposa. Ella habría estado dis-
puesta a dar no sólo todo su dinero, sino también su
propia vida, el partido democristiano, el Estado italiano a cambio de la vida de su marido. No hay en esta actitud ningún elemento que se pueda llamar de posesión;
hay la revelación del valor, la instauración de una jerarquía, la separación entre lo que vale y lo que no vale o vale menos. La aparición del ser que tiene valor no elimina
los valores, los jerarquiza. Ello pasa a ser la condición ne-

cesaria y suficiente para que las otras cosas puedan continuar teniendo valor o puedan asumir uno. Entre ambos planos no existe continuidad, ellos son inconmensurables, inconfrontables. Sólo después, reencontrado el niño, restituido el secuestrado, se reconstituyen las jerarquías de valor según el modo normal. Todas las cosas, todas las relaciones, todas las personas —en su desaparición— se convierten en medios para el objetivo supremo, su valor se mide en relación a lo que ellas hacen y dan. Es una jerarquización que incide más o menos establemente en la estructura de todas las demás relaciones en forma acorde con la profundidad y la duración de esta experiencia. Como caso límite tenemos el del niño que se reencuentra tras pocas horas. Entonces la angustia y el deseo se disuelven como si hubiese sido una desagradable pesadilla. Queda sólo el conocimiento de la importancia del niño. En el otro extremo tenemos un secuestro prolongado, una lucha continua e incesante para salvar a la persona amada, hasta la catástrofe. Entonces la jerarquización se hace definitiva. El mundo es jerarquizado en relación a esa única experiencia, todas las viejas relaciones de valor se disuelven, permanecen solamente aquellas maduradas en el drama.

Uno de los aspectos más importantes de la experiencia del ser que nos es quitado es la revelación de que el objeto amado aparece más importante que uno mismo, tanto es así que, para salvarlo, se puede sacrificar la propia vida. Esta disposición de sacrificar nuestra vida deriva del hecho de que ella es incluida entre los medios que pueden arrebatar al ser amado de la muerte. Sólo aquello que no puede convertirse en medio no es sacrificado, no es usado. Podemos ahora preguntarnos qué ocurre si el ser que es sustraído y que por lo tanto aparece como dotado de valor es uno mismo. En este caso es mi vida lo que debe ser salvado y todo el resto debe convertirse en medio. A primera vista la respuesta parece ser positiva. Cuando nos encontramos en presencia de la muerte, bajo forma de enfermedad mortal o de amenaza, nos damos cuenta de que todas las cosas que tenemos ya no tienen valor, desde el dinero a los éxitos logrados. Pero si, para salvar nuestra vida, debiéramos sacrificar la de otra persona, podríamos encontrarnos en una situación en la cual nuestra vida deja de ser la cosa más importante. Volviendo al ejemplo del presidente Moro, si bien él hubiera querido ser libre, no habría podido aceptar el ver morir en su lugar a su mujer o a alguno de sus amigos del partido. Más aún, es probable que él les haya pedido que trataran con los terroristas para evitar a los demás o al país una larga sucesión de muertes. En la mayor parte de los casos que podemos imaginar siempre hay un algo, individual o colectivo, que confrontado con nosotros vale más que nosotros. En términos generales, podemos decir que ninguno de nosotros, para salvar la propia vida, está dispuesto a hacer morir en su lugar a alguien que ama. Podríamos sin duda establecer que nosotros amamos a aquellos cuyas escalas de valores respetan esta asimetría del sacrificio. Respecto de sus objetos amados el yo no aplica el mismo estatuto ontológico sino uno inferior. En este caso no puede producirse dilema alguno. El dilema se produce cuando es impuesta una elección entre dos objetos que tienen el mismo estatuto ontológico de valor. Es el caso de una madre con dos hijos a quien se le pide que elija cuál de ellos debe ser matado. Decisión imposible porque los dos hijos tienen el mismo estatuto ontológico, no existe criterio de elección entre ambos.

Mas puede darse el caso en el que el yo no tenga "nada que perder". En este caso él, para salvar su vida, puede sacrificar cualquier otra vida y cualquier otra cosa. El único objeto de valor es él mismo y el temor a la muerte le revela este valor residual en el que, tal vez, no pensaba antes, y se lo impone sobre toda otra cosa existente. Semejante capacidad requiere un particular tipo de desarraigo social. Es el caso del drogadicto, del alcohólico, del vagabundo, del aventurero, de quien ha cortado todos los lazos estables con los demás. Sólo en este caso, en realidad, hay una razón de vivir para sí mismo, una chispa de valor frente a la muerte. Mas, paradójicamente, esta chispa de valor es juzgada por nosotros como un gesto de pura supervivencia, una respuesta inmediata al miedo. En las novelas, estos hombres desarraigados realizan un gesto heroico, salvan a alguien al precio de su propia vida. El aventurero desarraigado está dispuesto más que ninguno al heroísmo gratuito: él puede ofrecerse voluntariamente para una acción peligrosa, él que no tiene nada que perder. De esa manera la novela le restituye un estatuto ético. No teniendo un objeto de deseo definido, en realidad él está dispuesto a salvar el de algún otro, a ocupar el puesto de ese otro. Él se presenta "generosamente" como rehén y con ese gesto reconoce el "valor" de los demás. Concluyendo, nuestro yo no logra alcanzar, no logra obtener el estatuto ontológico de valor; si parece que está por alcanzarlo es solamente porque ello se hace indispensable para otra cosa que se ha "revelado" como esencial.

En la situación del ser-que-es-perdido lo que se revela es algo que se experimenta como preexistente: es el revelarse de la esencialidad de una cosa que era previamente esencial mas no estaba presente ni era consciente, algo que estaba y que, tras la experiencia, continúa "estando". Esa experiencia es una revelación de *lo que ya es* y no da lugar a sorpresas, parece una confirmación de aquello que habríamos debido ya saber y que suponemos haber sabido siempre, aun si "no pensábamos en ello".

En la situación del ser-que-es-perdido la voluntad desea totalmente a este ser, él se convierte en el objeto pleno del deseo. Pero la voluntad y el deseo también se vuelven lucha contra la fuerza que lo sustrae, la *potencia de lo negativo* que lo destruye. El campo se polariza, el deseo tiene dos rostros, quiere a una cosa y quiere combatir a otra. En sus dos aspectos positivo y negativo aquél encuentra dos referentes de los cuales uno es absolutamente negativo. Todo el resto es jerarquizado a partir de este deseo y esta lucha. Por lo tanto, el deseo pleno, absoluto, se nos presenta como dicotomía y como jerarquización. En la experiencia del objeto que es perdido la situación previa a esta drástica simplificación se ve confusa, desordenada, extraña. Entonces no era claro qué contaba y qué no contaba. Tras la embestida de la potencia de lo negativo se restablece la jerarquía de los valores y de las acciones. *El deseo se nos manifiesta entonces como orden y como jerarquización*. Este *simplificarse del campo*, su polarización, en resumen, su mutación en forma y en naturaleza respecto de aquello de la experiencia cotidiana, es lo que constituye el ser como valor. Es cierto que el hecho de ser señalado como dotado de valor, sea el hijo o el cónyuge o el partido, depende de lo que haya acaecido precedentemente; digamos, usando una expresión psicoanalítica, de la fijación de la libido sobre ellos. Mas la revelación del valor, el constituirse del ser como valor y la plenitud del deseo y de la voluntad son propiedades de la simplificación del campo.

Al decir que hubo una embestida libídica precedente no podemos afirmar nada claro. La embestida libídica tiene lugar poco a poco, en la ignorancia de que aquella cosa tiene valor. Pero tiene lugar también a través de experiencias previas de pérdida, reales o imaginarias. Es debido a tantas experiencias de potencial pérdida del objeto que éste se va constituyendo como objeto de valor, y dicho valor puede revelarse. La madre confiere estatuto de valor a su niño a través de sucesivas experiencias de potencial pérdida. En cada una de ellas reencuentra ese mismo objeto o, mejor, lo reconstituye como objeto dotado de valor. Por lo tanto —y éste es el punto inquietante— *el objeto que luego, en la pérdida, es reconocido como objeto dotado de valor, se ha formado a través de este mismo proceso.*

Evidentemente la experiencia de revelación del valor está socialmente condicionada. No hay ningún objeto "natural" de amor que valga más que otro. En algunas sociedades el hijo deforme no tiene valor y se lo mata; en otras, el hombre tiene más valor que la mujer o la madre del niño. Los objetos dotados de valor están siempre socialmente determinados, la relación con ellos siempre se aprende. Por lo tanto, nuestro punto de partida no es una "naturalidad" cualquiera. Es más bien el hecho de que el ser dotado de valor se afirma y se impone reordenando el campo. Es como una nueva figura que aparece sobre la vieja y la descompagina, altera los lineamientos. Privándola de valor; es decir, de la necesidad de ser, la vuelve contingente. El ser como valor se manifiesta en este volver contingente algo preexistente. El se destaca contra la contingencia y vale por sí mismo. En la situación del ser-que-se-pierde, sin embargo, esta emergencia del ser es inevitablemente acompañada por la emergencia de la potencia de lo negativo. La potencia de lo negativo forma parte integrante de esta estructura del ser y del deseo. Toda una tradición sociológica ha intentado definir la solidaridad en estos términos, partiendo de esta experiencia. La familia descubre su propia solidaridad, la esencialidad de cada uno de sus miembros, sólo si es amenazada. El partido se configura contra un adversario, la nación contra otra nación. Es la amenaza, el peligro externo lo que produce la identificación de aquello que tiene valor y, en particular, de la colectividad que tiene valor. Llevada a sus últimas consecuencias, es el enemigo quien produce el nosotros, la colectividad dotada de valor. En base a esta clase de experiencias deberíamos decir que la solidaridad se genera sólo en la lucha, sólo en la oposición. Por otra parte, ella no puede ser sino conservativa de algo que ya existe aun si este algo no era conocido. La imagen más típica es la imagen marxista de la clase en sí que se vuelve "para sí" mediante la lucha.

Volvamos al miedo de la madre por su pequeño hijo, a la angustia del padre frente a un peligro. ¿Pero antes qué había? Para la madre podía haber sólo la espera de ese niño y el temor de que él no apareciese, el proyecto de ella y del niño: lo posible dotado de valor y cuyo valor residía en el *deber ser* respecto de lo existente. El ser como valor es algo que no existe ahora, aunque promete su perfecto cumplimiento y satisfacción. Es en el pensamiento y no en la experiencia real que es experimentada, anticipada la esencialidad de aquella única posibilidad a la cual todas las demás deben ser subordinadas y sacrificadas. El ser como valor se manifiesta así antes del existir concreto, y aun cuando se revela en el existir concreto lo hace sólo respecto de un no existir, de una amenaza. En consecuencia, el ser como valor no es una "cosa", es tan sólo una posibilidad que debe ser, un posible que con su aparecer jerarquiza porque promete la plena satisfacción y cumplimiento de la vida y degrada toda otra posibilidad. En las situaciones examinadas, este proceso se halla oculto porque en realidad ya se ha cumplido innumerables veces produciendo ese objeto de amor que luego se revela como esencial: esta o aquella persona que queremos. En todas las imágenes que hemos presentado existe siempre, además, la potencia de lo negativo, el enemigo. En todas las situaciones examinadas todo se reduce siempre a conservar algo que ya está. Mas la naturaleza misma del proceso nos lleva a admitir por hipótesis al ser como valor en cuanto puro posible que se impone contra lo existente. Es la imagen de la madre que, antes de tener a su hijo, lo desea al punto de desearlo más que a cualquier otra cosa, y esta "posibilidad" se contrapone a lo existente como cosa que tiene más valor que éste. El ser que se pierde nos lleva al ser que aún no es y debe ser. El valor reside en una tensión entre aquello que debe ser y aquello que existe. Aquello que debe ser debe, sin embargo, prometer su completo cumplimiento y satisfacción. Evidentemente ninguna existencia es perfecta, el valor es siempre algo que promete su propio cumplimiento. Así como el yo carece de estatuto ontológico de valor, también la existencia carece de dicho estatuto.

Por otra parte, al decir que el valor está en la tensión entre lo que debe ser y lo que existe se puede engendrar el equívoco de que todos los posibles deseados constituyan valor. En realidad también entre los posibles la condición de valor se constituye sólo si uno de ellos se destaca como cualquier cosa respecto de la cual todo lo demás debe ser subordinado. No es un problema de comparación, de mejor o de peor, de preferencia o de gusto. En las situaciones de pérdida, la experiencia existe por una necesidad. También en lo posible debe existir tal necesidad. En la confrontación entre los "posibles", aquel que asume dignidad ontológica debe gozar de propiedades absolutamente particulares; no es un "posible" cualquiera, es una suerte de totalidad de bien, un principio generativo de toda otra determinación.


## 3. El nacer

El razonamiento nos lleva a buscar algo que —a primera vista— parece sumamente enredado. Sin embargo, la experiencia nos permite identificar con extrema facilidad lo que produce estas condiciones. Pensemos, para dar el ejemplo más simple, en el enamoramiento. Nos encontramos frente a dos personas, cada una de ellas con una familia propia (conyugal o parental, no importa), con amigos propios, insertada en un sistema político, ambiental. Cada una de ellas tiene objetos dotados de valor, una jerarquía de preferencias, deseos, aspiraciones. Mas en el enamoramiento cada una de ellas se convierte a los ojos de la otra en objeto de valor. Aquí no hay ningún lento proceso de fijación de la libido, ninguna acumulación gradual que luego se revela. Aquí el ser como valor "aparece" sin que existan precedentes. Una persona desconocida "aparece" como algo importante, esencial, deseable más que cualquier otra cosa. La mente trata de desembarazarse, piensa que se trata de un envanecimiento, una cosa que luego, mañana, se desvanecerá como un sueño. Todos los enamorados tienen la impresión de poder despertarse de esa ilusión. Y en cambio el deseo retorna; ese rostro, esos rasgos se imponen como objeto pleno del deseo. Es importante destacar que aquí no hay ninguna potencia de lo negativo que sustraiga algo. Antes podíamos representar al campo psíquico dividido en una parte luminosa y una oscura, con la parte luminosa que brilla más fuerte cuanto más la oprime la oscura. En cambio, ahora podemos imaginarlo como una luz que surge en medio del campo, desaparece, reaparece, se agranda, desaparece nuevamente, reaparece con más fuerza y el resto permanece en tinieblas, un fondo de oscuridad. Lo nuevo que aparece en ciertos aspectos no existe todavía; de esa persona no sabemos nada, ni siquiera si estamos verdaderamente enamorados de ella. Y sin embargo existe, es una persona concreta porque tiene un nombre, habita en una casa, come. En ciertos aspectos lo que nosotros vemos es puramente imaginario: somos nosotros quienes la vemos así, bellísima y extraordinaria, y lo sabemos. Pero, ella es también así porque una fotografía la reproduce perfectamente, no estamos en medio de una alucinación. En cierto sentido ella pertenece a lo posible: no sabemos si nos ama, no sabemos si la amamos verdaderamente, no sabemos si seguirá pareciéndonos infinitamente preferible a cualquier otra persona. Pero todos los demás posibles, todas las demás posibles personas no pueden competir con este posible. Respecto de los otros posibles se impone como un absoluto. Respecto de lo que tenemos, su imponerse tiene por efecto el reducirlo a contingente.

Es mi costumbre partir de la experiencia del enamoramiento porque todos la han experimentado en persona.[5] Mas se trata solamente de un caso particularísimo en esta clase de fenómenos. Tratemos de pensar ahora en la *conversión* de alguien a una nueva religión. He usado intencionalmente la palabra conversión y no adhesión. Conversión implica un súbito descubrir que la verdad, la armonía, el pleno cumplimiento de la propia vida y del bien en el mundo están en esa secta, en esa fe. Es un ver al mundo con nuevos ojos mientras toda la propia vida pasada, todo aquello a lo que el converso aspiraba, a lo que daba importancia, le parece singularmente carente de valor. No sabía y ahora sabe, era ciego y ahora ve, era infeliz y ahora puede ser feliz.[6] El enamorado y el converso pertenecen, en su hacerse, formarse, nacer, al mismo género de experiencias. Tomemos ahora el caso en que una secta no existe, sino que se forma: primero dos, tres personas, luego una decena, luego muchos más, en un proceso rapidísimo, como ocurre en los movimientos colectivos. Cada uno de ellos se "convierte", mas no se convierte a algo que ya existía antes. Es como en el enamoramiento: los enamorados forman una entidad social que no existía antes: la pareja. Cuando son más de dos: el grupo. Pero ni la otra persona amada, ni los compañeros de grupo, ni siquiera el grupo entero constituyen el valor. En el caso del enamoramiento —es cierto— cada uno dice que el ser dotado de valor es su amado. En realidad la experiencia se caracteriza por una radical transformación del modo de pensar y sentir.

El enamoramiento profundo significa asombro y temor: nos sentimos cambiados, nos ha ocurrido algo, vemos las cosas de otro modo, en realidad vemos "otro mundo". A través del rostro amado se abre delante de

---

[5] Francesco Alberoni: *Innamoramento e amore*, Garzanti, Milán, 1979.
[6] Recuerdo las observaciones acerca de la conversión debidas a William James: *The varieties of religious experience* (primera edición, Edimburgo, 1901), Fount Paperbacks, 1977, págs. 137-257.

nosotros un mundo desconocido, misterioso, antes inimaginable. A través del rostro amado pensamos poder entrar en ese mundo, nos sentimos atraídos, fascinados. La persona amada es ciertamente una meta, mas es también una puerta. Nos abrimos —nos encontramos abiertos— a algo extraordinario que nos fascina, nos promete felicidad y, al mismo tiempo, nos atemoriza. Es verdaderamente el *fascinans* y el *tremendum* que Rudolph Otto atribuía a lo sagrado como característica específica.[7] Es un abismo que se llena de un rostro, de una persona: milagroso el abrirse del abismo, comparable sólo a lo incomprensible de la muerte, y milagrosa la aparición de la persona: no es la muerte sino la vida. Reside en esta experiencia todo el misterio del nacer y del morir; el valor no está en la otra persona: está en este "otro mundo" del que la persona es la puerta y en la cual aparece. La experiencia de la conversión es igualmente inquietante. Comprende el mismo asombro, el mismo abrirse de un abismo en el que se encuentra una guía, otras personas. Es la experiencia de la revelación de un mundo desconocido, que sin embargo es también el verdadero y en el que otros ya han entrado. El *tremendum* y el *fascinans* se presentan aquí como verdadera pequeñez frente a lo que era desconocido y ahora se revela y frente a quien sabe, el portador del carisma al que se ha accedido.

Mas el caso más dramático lo tenemos en la *formación de un nuevo grupo*.[8] Debemos pensar en el surgimiento de una secta religiosa o de un movimiento político, en aquella temperie social que Durkheim llamaba de efervescencia colectiva: la predicación de Jan Hus en Praga o la formación del primer grupo luterano en Wittenberg. En la época contemporánea, la explosión del Free Speech Movement de Berkeley, los comienzos del mayo

---

[7] Rudolph Otto: *Il sacro*, Feltrinelli, Milán, 1976.
[8] Para cualquier profundización sobre este tema no puedo sino recomendar mi volumen *Movimento e istituzione*, Il Mulino, Boloña, 1977.

francés o el movimiento sindical polaco de 1980. Aquí, a diferencia de la conversión, no existe una organización previa, no hay líderes consolidados ni jerarquías. El grupo "explota" espontáneamente, muchas veces ocasionalmente, y se encuentra empeñado en una aventura que no había previsto ni imaginado. Aun el líder, en esta fase, es verdaderamente poco más que un *primus inter pares*, en realidad el "carisma" es difuso, todos son potencialmente líderes, cualquiera que tome una iniciativa puede determinar la orientación de la acción colectiva. El grupo obra y se forma por impulsos imprevistos, por iluminaciones, por decisiones rápidas, mediante continuas invenciones. Quien participa de esta fase inicial del grupo —en su estado *naciente*— siente en realidad la impresión del vértigo. El grupo se expande, crece, afluyen continuamente nuevas personas y para cada uno es como una iluminación. Pero mientras el enamoramiento es subjetivo, esta apertura, el hecho de que todos puedan entrar y "ver", hace que en el grupo se tenga la experiencia de una verdad objetiva. El enamorado y el converso pueden decir que han encontrado "su" verdad. Pero en el grupo que se expande la experiencia está en haber encontrado o vislumbrado "la" verdad. Sin embargo nada es seguro, más bien todo es "increíble". El carisma, decía Weber, depende continuamente del éxito, puede desaparecer en cualquier momento. Todo puede ser una ilusión, naufragar. Participar significa salir del mundo, alejarse del mundo y luego comprenderlo desde este nuevo punto de vista y obrar sobre él, modificarlo, en el nombre del nuevo mundo que no existe todavía. Estas tres experiencias distintas —enamoramiento, conversión, nacimiento del grupo— tienen en común la aparición de un mundo posible que tiene más valor que el existente. El mundo posible no está delineado, precisamente es sólo una posibilidad, no obstante promete el cumplimiento y la satisfacción de la existencia para sí y para los otros. No es una cosa entre otras; tampoco la persona amada es una persona entre otras: es un principio de ordenamiento, el lugar de paso obligado para acceder a una región donde las cosas pueden aspirar a la perfección. Ninguna cosa cumplida es perfecta, la perfección es algo que puede vivirse solamente en la búsqueda. Un campo psíquico o social estructurado, estable, es el resultado de fuerzas contrapuestas, de elecciones, de límites. Sólo el organizarse del campo, el momento en que se delinean su figura y su sentido es una experiencia de perfección. En muchísima menor medida tenemos este tipo de experiencia cuando resolvemos un problema que hasta entonces nos había parecido insoluble, por ejemplo un problema de geometría o de matemática. El sistema incomprensible, desordenado y torpe que teníamos delante presenta en su interior los lineamientos de una solución. Esta primero nos rehúye y luego, en cierto momento, se nos aparece evidente. Entonces y sólo entonces se da la experiencia de la perfección. Porque ésa es —de las infinitas que podíamos imaginar— la única solución posible. Resuelto el problema, la emoción se esfuma: ahora sabemos, nuestro conocer es algo sabido.[9] En las experiencias que hemos recordado está en juego no ya un problema matemático, sino la existencia o el sentido de la sociedad. Aquella única solución al aparecer promete la perfección. Pero mientras en el caso de la geometría o la matemática la solución coincide con la acción, en este caso el mundo posible, que aparece como el único que promete la perfección, no es el mundo existente. El mundo existente continúa existiendo y aquello que debiera ser, el otro mundo, se yuxtapone al

[9] La teoría del estado naciente es comprensible sólo dentro de los términos de la psicología de la forma. Me limitaré aquí a citar algunas obras fundamentales sobre el tema: Kurt Koffka: *Elementi di Psicologia della Forma*, Boringhieri, Turín, 1970; Wolfgang Köhler: *Psicologia della forma*, Feltrinelli, Milán, 1961; Max Wertheimer: *Il pensiero produttivo*, Editrice Univ. Fiorentina, Florencia, 1965.

primero y se le contrapone. En el campo psíquico y social
se constituye una diferencia, una tensión entre lo que debiera ser y tiene valor y lo existente. El objeto pleno del
deseo no es, entonces, algo que falta en el mundo, sino la
carencia que deriva de esta diferencia. La persona amada
no existía antes del enamoramiento, ni el nuevo mundo
antes del movimiento. El objeto pleno del deseo es la reconstitución de la unidad de un mundo que se ha des-
doblado. El desdoblamiento que hemos descripto —entre
aquello que debe ser y aquello que existe— no es el desdoblamiento entre sacro y profano. Es algo más elemental que sobrevive a la desaparición de éste. En la experiencia del objeto-que-es-perdido no existía. En este caso el
objeto del amor tenía como complemento la potencia de
lo negativo; el deseo reclamaba la restitución de lo existente. Aquí reclama otra cosa: que lo existente trascienda,
transportado hacia su perfección. Lo existente es imperfecto porque es confrontado con su posible perfección; el
placer es imperfecto porque es confrontado con la felicidad. Existe un superior y un inferior, una verdad y una
apariencia, una realidad y una contingencia. El desdoblamiento del que hablamos es la experiencia de un *desdoblamiento metafísico*. El desdoblamiento metafísico
es, por lo tanto, una experiencia inmediata, un dato inmediato de la experiencia.


## 4. Lo viejo y lo nuevo

Todas las cosas que son, a las que corresponde la
predicación del ser, no son precisamente las que nos han
gratificado en forma ininterrumpida, el producto de la fijación de la libido proporcional a la satisfacción. Un amigo puede habernos ayudado enormemente, beneficiado
en todo sentido; otra persona puede habernos dado su
erotismo como ninguna otra. Es muchísimo, pero no bas-

ta. Ahora podemos prescindir u olvidarnos del amigo porque ya no lo necesitamos, encontrar otra persona con quien hacer el amor. Para que ellos se vuelvan objetos dotados de valor es necesario que hayan sido deseados contra un poder que nos los quita o hayan aparecido en forma de estado naciente: deseados y redeseados. Deben, en esa forma, entrar como componentes ordenantes de todo nuestro mundo de objetos gratificantes, todo nuestro mundo de personas y de cosas. Entrar como sostén en la estructura que jerarquiza a nuestro mundo interno y social. Entre ambas situaciones hay sin embargo una diferencia: dado que la sustracción del objeto depende de algo exterior a nosotros y además la indicación de lo que debe ser salvado es el producto de prescripciones sociales, la producción de estos objetos es eminentemente social. Hemos dado el ejemplo del secuestro. La persona secuestrada, aun si antes no parecía esencial, se vuelve esencial. ¿Mas cuánto de la necesidad de comportarnos de este modo está socialmente condicionado? Cada vez que hubo un peligro o una amenaza nosotros nos hemos esforzado; pero también los otros nos han forzado o guiado. Es cierto que son las personas que amamos, nuestros objetos de amor, mas el objeto de amor está delimitado o aun construido con deberes que nos han sido impuestos y que nosotros hemos asumido. Aunque nosotros no la percibamos conscientemente, esta inmensa presión social continúa obrando sobre nosotros. Hay personas por quienes se debe pagar el rescate y otras por quienes no estamos obligados a hacerlo. Lo mismo vale para el cariño, la asistencia, la lucha contra la enfermedad o la muerte. El ser dotado de valor que aparece debe en cambio su nacimiento al producto de una revolución, de un despedazar lo que ya existía, de un transgredir lo que es así porque sí. "Está escrito y yo os digo..." afirma la frase carismática de Max Weber. El estado naciente es siempre subversión de un orden "natural" y que en cambio parece innatural, producto de elecciones nuestras y ajenas. Ese estado se contrapone así al proceso precedente, constituye la modalidad específica que fragmenta lo que se había constituido de aquel modo. En *La Orestíada* de Esquilo la fuerza de la conservación está representada por las Furias, custodias de la moral familiar que reclaman la condena de Oreste, el matricida. Ellas rechazan y condenan a los "nuevos dioses", los dioses olímpicos y a su representante más típico, Atena. Son las custodias de los lazos de sangre, de la moral "natural", porque así ha sido siempre. También las otras deidades femeninas, las Moiras, se oponen a Zeus en cuanto su cometido es conservar lo inmutable, el destino.

En la situación del ser que es perdido no hay realmente elección sino sólo necesidad; la moral se presenta como deber de conservación porque el objeto dotado de valor ya existe y sólo puede ser reconocido; lo negativo ya existe y sólo puede ser combatido. La costumbre, la tradición, la institución consolidada se nos presentan de este modo. El ser que es perdido es el producto de nuestra memoria, el precipitado de innumerables elecciones que lo han reconocido y sustraído a la potencia de lo negativo viniese de donde viniese, aun de nosotros mismos.

Pero todo lo que tiene origen en la pérdida, aunque esté fundado en el principio del placer, inevitablemente se diluye. Con el paso del tiempo, con el cambio de las circunstancias, la jerarquización que se opera en torno del ser-que-se-pierde se hace incapaz de orientar a los siempre renacientes deseos y necesidades. Entonces la estructura del objeto que se ha convertido en estructura de nuestro mundo ya no puede ser reajustada ni corregida. Cada tentativa de modificarla constituye un atentado a su integridad y reactiva así la situación de pérdida. Esta vez somos nosotros los destructores. Cualquier impulso de cambio provoca una reestructuración más rígida. En un trabajo anterior he definido a este proceso como *sobrecarga de-*

*presiva.*[10] En la nueva perspectiva este proceso aparece más bien como un proceso de *implosión obsesiva.* Toda la agresividad se traduce en normas que estabilizan al objeto, el cual se convierte de ese modo en un dios cada vez más voraz, cada vez más exigente. Estos fenómenos, que vemos también a nivel de padres-hijo o de pareja, asumen características aterradoras en las grandes instituciones que reclaman de sus miembros una sumisión absoluta, una sumisión tanto más absoluta y fanática cuanto más están en crisis. El *estado naciente* constituye la ruptura radical del mecanismo. Aquél tiene éxito en su intento solamente porque opone no una necesidad cualquiera, no un placer cualquiera, no un deseo cualquiera, sino porque opone la felicidad y, al mismo tiempo, el sumo deber y la máxima libertad.

Las conclusiones a que hemos arribado a algunos pueden parecer tranquilizadoras. No hay ninguna duda de que en la sociedad contemporánea continúan renovándose los objetos dotados de valor. Estos han perdido toda característica divina, mas se mueven en el mismo nivel ontológico. Las dos fuerzas, los dos demonios que chocan tienen en común el constituirse sobre el abismo del todo y del nada. El ser que ser pierde surge "por necesidad" frente a la potencia de lo negativo. El ser que nace surge del abismo de la nada como *unum verum et bonum* y promete la felicidad. Pueden sin embargo aparecer fuerzas extremadamente inquietantes. Si ellas animan a las fuerzas colectivas que sostienen y que reconstituyen a la sociedad, se trata de fuerzas colectivas que actúan en nombre de absolutos, que entran en colisión sobre "cuestiones de principios". Cuando un orden social se resquebraja y se descompone, las fuerzas cohesivas presentan batalla y las fuerzas disolutivas-reconstructivas (es decir, las fuerzas del estado naciente y del movimiento) pro-

---

[10] Véase *Movimento e istituzione*, obra citada, pág. 117 y siguientes.

meten un nuevo mundo totalmente feliz aun prescindiendo del principio de realidad.

## 5. Conclusiones y problemas

En el capítulo anterior hemos visto que tanto los individuos como las sociedades producen fines últimos. Lo hacen de dos maneras: o por pérdida o por nacimiento (el estado naciente). La trama de la vida social se desenvuelve generalmente de modo continuo, cotidiano, ordinario. Los fines últimos se nos aparecen sólo cuando esta trama se interrumpe, es decir, ante lo extraordinario, ante la catástrofe. Los fines últimos y los objetos plenos del deseo son, en nuestro análisis, la misma cosa. El deseo pleno es un reestructurarse del campo (psíquico o social), el fin último es el jerarquizarse mismo de ese campo. Es de este modo como nosotros identificamos a lo deseable por sí mismo, el bien. Pero todavía no hemos encontrado la separación *moral* entre bien y mal. Este es el tema que debemos afrontar en el próximo capítulo. En él veremos al bien y el mal como el producto de un acto de la voluntad, de una elección y, sucesivamente, de una determinación prolongada.

# III. EL ORIGEN DEL BIEN Y DEL MAL

## 1. El dilema

Dos son las formas en que el ser se manifiesta dotado de valor: la pérdida y el *novum*, el nacimiento. Dos son entonces las raíces de la *moral*: una que conserva y una que renueva. Mas ninguna de estas raíces, sola, está en condiciones de generar a la·*eticidad*. Así, el *novum* viene para rescatar a lo àntiguo, regenerarlo. Lo antiguo no obstante vive por propia fuerza y resiste el cambio. Aquél nació de la pérdida y percibe en el *novum* una amenaza de pérdida total. Por esto existe un choque y el choque no puede ocurrir sino con el aparecer del *novum*. Entonces, dentro del individuo y dentro de la colectividad, dos cosas dotadas de valor se enfrentan y surge el *dilema*. El dilema es el hecho central de la vida ética. Sin el dilema no hay eticidad porque la voluntad no debe elegir entre valores.

En la vida cotidiana nosotros elegimos entre oportunidades en base al gusto y a la vista de un fin. Podemos sentirnos perplejos, mas nuestra perplejidad deriva del hecho de que ninguna de las dos alternativas es suficientemente fuerte para imponerse. Sea que elijamos por gusto, por oportunidad o por cálculo, no sentimos haber determinado qué es lo que vale. Aquello que vale, admitido que valga verdaderamente —y a menudo dudamos de ello— es ya dado por conocido. Por otra parte, cuando elegimos dentro de una institución nos guían sus normas y sus prescripciones. La institución ya ha dado nombre a lo que tiene valor. Dentro de la institución la elección se instala entre norma e impulso, entre lo que se debe hacer, lo que estamos obligados a hacer y nuestros deseos individuales. Cuando establecemos una contraposición entre deber y placer significa que nos movemos en el ámbito de una institución. Por ello en el mundo de lo útil no se alcanza la dimensión ética, mientras que en la institución ésta está ya preconstituida.

Sólo cuando se contraponen dos alternativas, cada una de las cuales aparece como dotada de valor, nos damos cuenta realmente de la existencia de los valores, porque ellos nos llaman a cosas diversas y en consecuencia debemos elegir. Es con esta elección que nosotros establecemos qué cosa tiene valor y qué cosa no lo tiene. Es con esta elección que establecemos que cosa está bien y qué cosa está mal. En el surgimiento del *dilema ético* el bien y el mal todavía no existen: nacen con la elección. La elección, en el dilema, es ubicada entre alternativas que tienen el mismo estatuto ontológico. La elección es por lo tanto una elección libre. El dilema es quien nos revela nuestra libertad. Ambas alternativas tienen peso infinito, la voluntad se siente frente a ellas totalmente arbitraria y debe elegir. Aunque así sea, la elección se nos impone cuando aparece la totalidad del *unum, verum et bonum* y las alternativas, por lo tanto, deberían coincidir. Sin embargo, no coinciden; las cosas que tienen valor deberían congeniar, pero no congenian. De aquello que debiera estar unido sólo una cosa puede afirmarse, desearse, tenazmente perseguirse. La otra no: debe ser abandonada, rechazada, condenada. Una debe convertirse en bien y la otra necesariamente en mal. El mal es un bien negado, algo que tenía la estatura del ser como valor y debe serle quitada. En la situación de pérdida, la potencia que sustrae se nos presenta naturalmente como enemiga y hostil. Ella es lo negativo, no tiene entonces estatuto ético. No debe ser extirpado de nosotros, existe sólo en lo externo que nos rodea. Ético es solamente aquello que actúa tanto en lo externo como en lo interno. El bien es aquello que debe ser amado y deseado; el mal, aquello que debe ser considerado negativo y, como tal, extirpado de nosotros. En las *Gita*, Ahura Mazda crea los dos espíritus gemelos, de los cuales uno es el bien y el otro el mal. De ese modo él produce el mal como un acto de libre elección. Este hecho divino no es otra cosa que la trasposición de una experiencia que todo hombre tiene, o puede tener en su vida, cuando se encuentra ante el deber de elegir —dentro de la promesa del *novum*— lo que puede hacerse y lo que no puede hacerse. Esta experiencia, en cuanto se constituye sólo en el estado naciente, es bastante rara, si no excepcional. Sólo los resucitados, los nacidos dos veces, conocen el secreto del bien y el mal. Por otra parte se trata de un secreto que es apartado, escondido, olvidado. Toda la historia de la civilización es la historia del develarse del dilema y de su ocultamiento. El dilema y la creación del bien y del mal constituyen el inconsciente general de todas las sociedades, aquello que las une porque todas son el producto de ello.

## 2. La creación del mal

En toda sociedad constituida, en sus grupos y en sus individuos el bien y el mal moral aparecen generalmente ya dados. Los hombres los experimentan como impulsos interiores, imperativos, sea con simpatía, sea con aversión y desdén. Tanto lo que es apreciable como lo que es reprobable, el enemigo, objeto de execración y de odio (legítimos), se nos aparece como algo objetivo, obvio y justificado. Los comunistas odian a los capitalistas en cuanto enemigos de clase y opresores de la humanidad, causa de todo mal, de todo sufrimiento y de toda infamia. Los palestinos odian a los israelíes porque están convencidos de que ellos han ocupado sus territorios expulsándolos de sus casas. Sus hijos aprenden de la madre y el padre este odio y sus razones. A su vez los hebreos, durante siglos, han vivido la opresión cristiana como algo moralmente abominable. La condena moral parece "obvia" y "evidente" y sostener que ella deriva de un dilema suena a absurdo. Queda aún el producto de la situación del ser que es sustraído, y aquí no hay dilema. La fuerza que sustrae aparece inmediatamente como negativa: el bien y el mal se presentan de modo polar. El objeto de amor se destaca como lo positivo, lo deseable por excelencia y lo que lo sustrae como lo negativo, como lo execrable por excelencia. ¿No sería entonces más lógico y simple reducir la distinción entre el bien y el mal a esta dicotomía fundamental, elemental, inmediata? Si el ser dotado de valor se manifiesta en la pérdida, en la sustracción por obra de algo o de alguien, el mal será aquello que sustrae al ser dotado de valor. El mal y el enemigo son uno solo. Por cierto, ésta es la explicación más simple, la comúnmente adoptada e implícita en todas las ciencias sociales. Incluso el psicoanálisis, aun dando tanta importancia al inconsciente, a las fantasías, a lo imaginario, atribuye el origen de la ética a una amenaza de sustracción; sustracción del objeto amado o de la vida. Sea transformada por el proceso primario del inconsciente o elaborada en las racionalizaciones y en los síntomas, la prohibición, la condena, la agresividad tienen siempre su origen en una frustración, en la sustracción de alguna cosa. Ciertamente no es mi intención negar peso a estos hechos. El ser dotado de valor se afirma en la sustracción y en la pérdida y, dado que esta última es la más frecuente, la más incisiva, deriva de ello que la situación ordinaria es el surgimiento simultáneo de lo positivo y lo negativo. Nuestra tesis es que, sin embargo, esta experiencia no basta para producir la idea de bien y de mal como hecho al mismo tiempo interno y externo. Por otra parte, si las instituciones, todas las instituciones, las religiones, las sectas, los partidos, las naciones, las propias civilizaciones culturales (islam, cristianismo, judaísmo, marxismo) son una suerte de movimiento, es también en el movimiento donde se debe encontrar la raíz de la separación entre bien y mal. Retomando los ejemplos dados antes, los comunistas no son una entidad natural, son tales en cuanto hubo un movimiento, se constituyó un partido, más aun, tuvo lugar una revolución. En términos marxistas, el odio y la condena del capitalismo y del obrar de los capitalistas se constituye sólo cuando la clase pasa del estado de clase *en sí misma* al estado de clase *para sí misma*. Antes puede existir malestar, estallidos de rabia, cólera, mas no una ética política cuyo sentido y cuyo objetivo sea la eliminación del capitalismo. Pasemos a los palestinos. Aquí las cosas aparecen aun más simples porque los israelíes han ocupado su tierra. La suya parece entonces una reacción contra la ocupación y nada más. En realidad, también esta reacción ha asumido la forma de un movimiento. Es sólo en el movimiento que la sustracción trasciende la *restitutio allo statu quo antea* y se vuelve esperanza y promesa de un algo infinitamente mejor. La larga historia de la diáspora hebrea nos muestra que los hebreos no deseaban solamente retornar a Palestina y reconstituir un estado independiente. Ellos deseaban y esperaban al Mesías que habría creado una situación infinitamente superior a aquella que precedía a la diáspora. En el movimiento la pérdida se convierte en promesa de un estado mejor (infinitamente mejor), que aquel que precedía a la pérdida. No se trata de algunos casos particulares sino de algo absolutamente general. En el cristianismo el segundo advenimiento de Cristo instaura el reino paradisíaco como el advenimiento del Mesías en el judaísmo. El comunismo realizado no reconstruye las condiciones que precedían al capitalismo con sus desgracias, sino que instaura un nuevo mundo. El retorno de los palestinos a Palestina no es el retorno a algo igual a lo que existía antes de la ocupación hebrea. Es el abrirse de un período de justicia y de armonía cual nunca había existido antes. La condena del enemigo, las acciones prescriptas y las prohibidas, toda la dimensión de la ética está inscripta en esta dimensión de la espera. Su valor ético deriva de la grandiosidad y de la perfección de lo que ella promete y prometerá.

¿Mas en la situación de pérdida, cuando todo nuestro deseo se orienta hacia el objeto de amor amenazado, no tenemos la impresión de que, teniéndolo, alcanzamos la perfección? Ciertamente. Es porque imaginamos la felicidad que alcanzamos la dimensión del valor. Pero esta perfección existe sólo para nosotros, no tiene en cuenta a los demás, no se dilata al mundo, al enemigo mismo. El mal queda como algo puramente externo, algo que una vez eliminado da origen a la totalidad de la perfección. La realización de la plenitud de la existencia y de la perfección existe, por lo tanto, en ambos casos. Sin embargo en el marxismo, en el movimiento palestino, en la civilización hebrea y más en general en *todos los movimientos y las instituciones* que de ellos surgen la promesa es más dilatada porque el futuro es imaginado totalmente *diferente* y porque ella no implica solamente a los protagonistas.

En realidad no hemos hecho más que reencontrar el ocultamiento del problema. Ni el marxismo, ni la civilización hebrea, ni la OLP y los demás movimientos palestinos podrían existir si no hubiesen afrontado el dilema y elegido uno de los cuernos. Cada institución nace de un movimiento, cada movimiento del estado naciente. El dilema se revela solamente en el estado naciente y su eliminación produce la institución. El movimiento mismo, en cuanto proceso que va del estado naciente a la institución, es un proceso de ocultamiento del dilema. Cuando éste queda cumplido, la situación del *novum* y la de la pérdida coinciden. ¿Por qué los proletarios deben combatir al capitalismo? Porque son explotados, es decir, porque es lo que les sustrae. ¿Por qué los hebreos debían resistir a los cristianos? Porque fueron expropiados por ellos. ¿Por qué los palestinos deben combatir a los hebreos? Por el mismo motivo. No aparece ya el si combatir y el qué combatir. Todo parece totalmente y determinísticamente obligado por la situación de pérdida. En realidad, la situación de pérdida, si bien real, es ocultante. El valor por pérdida y la moral de la pérdida ocultan a la terrible libertad que, en sus orígenes, todo movimiento ha tenido. Escrutando en los movimientos y en las instituciones nosotros podemos no obstante encontrar indicios de lo que ellos fueron en sus orígenes. Por ejemplo, el hecho ya ilustrado de que en los movimientos la promesa de redención alcanza a todos, incluidos los enemigos. Los comunistas alegan obrar por el bien no sólo del proletariado, sino también de los mismos capitalistas. Existe en efecto una alienación capitalista así como también una alienación proletaria. Los hebreos esperaban de su Mesías una redención del mundo que, superando al cristianismo, liberara de las tinieblas del error a los propios cristianos,[1] y los palestinos están convencidos de que los hebreos vivirían mejor en un estado palestino. Se puede ver en esto sólo un proceso de racionalización (y lo es), pero también el indicio de una fase en la cual la liberación y la redención contemplaban a todos, y el amigo y el enemigo no estaban tan netamente di-

---

[1] Me refiero aquí de manera particular al tipo de creencias relacionadas con el profetismo de Nathan de Gaza y al debate que, sobre este tema, tuvo lugar en los años 1665-6. Véase Gershom Scholem: *Sabbatai Zevi*, obra citada.

ferenciados. Entre la expropiación de los últimos pocos expropiadores de Karl Marx y la masacre de millones de personas por parte del stalinismo hay una diferencia. En muchos profetismos hebreos y en particular en el de Sabbatai Zevi y Nathan de Gaza se observa una extrema benignidad en lo referente al islam y al cristianismo. El mismo Jesucristo —considerado por estos teólogos hebreos como el máximo del mal— será redimido, y del mismo modo todo el islam. Este optimismo en la capacidad redentora de la evidencia de la verdad y la justicia caracteriza a los orígenes de todo movimiento.

La reciente revolución islámica, entre julio de 1979 y enero de 1980, se caracterizó por un hermanamiento general. Todas las distinciones entre marxistas, liberales, grupos religiosos y étnicos se consideraban irrelevantes en la *fusión* del estado naciente revolucionario. Ni siquiera los soldados que disparaban a la multitud eran odiados o, mejor dicho, eran odiados pero luego la gente les llevaba flores. Si los mismos que pocos minutos antes mataban y asesinaban se pasaban al bando insurrecto, eran abrazados y acogidos como hermanos. Por cierto el núcleo negativo existía aún: el Sha, la Savak; mas el odio al Sha era cultivado sobre todo por el clero y en particular por Khomeini, quien lo había alimentado dentro de sí a lo largo de toda la vida. Hasta cierto punto, durante la revolución, existió la posibilidad de llegar a un acuerdo con el Sha. Con otro líder en el puesto de Khomeini el compromiso hubiera sido posible. En el mismo consejo de la revolución gente como Bazargan, Bani Sadr y Gadzbadeh carecía de un odio particular hacia el Sha y en absoluto ansiaba su muerte. Fue Khomeini, fueron algunos ayatollah quienes dieron la alternativa: o islam o muerte al Sha. El mismo discurso vale para las mujeres. De la revolución participaron tanto las tradicionalistas como las progresistas, las laicas, las ateas, las marxistas y las feministas. En el estado naciente revolucionario todas estas distinciones se consideraban (sinceramente) inesenciales. Todas vestían el chador como símbolo de adhesión a la revolución. Fue sólo más tarde que Khomeini y los suyos instauraron el dilema: o el chador y el islam, o los vestidos occidentales y la traición a la revolución. Fue frente a la demanda de elección que se formuló el dilema: rechazar la orden y ponerse en contra de la república islámica o aceptar la orden y, por lo tanto, renunciar a los valores feministas en cuyo nombre se había luchado. Hoy este dilema está ocultado. La gente en su corazón ya ha decidido, sea que lleve el chador o que no lo lleve; sea que lo lleve convencida o por oportunismo, en espera de que el poder de los sacerdotes sea barrido por la "verdadera" revolución.

En el estado naciente de los movimientos todo lo que está por nacer es positivo. Queda sólo una sombra de lo negativo que un día deberá extinguirse. Es bajo esta luz de lo positivo que debe cumplirse la elección. Continuamos en el ámbito de la revolución iraní, que es la más reciente. Muchísimas cosas introducidas en épocas modernas y en particular por el Sha eran apreciadas: caminos, hospitales, automóviles. La revolución no deseaba eliminarlas. En el estado naciente revolucionario se deseaba elegir lo mejor de lo moderno y eliminar lo peor. Sin embargo, la línea de demarcación variaba de grupo a grupo, de persona a persona, en el mismo individuo. Los espectáculos occidentales, por ejemplo, eran apreciados por muchos y condenados por muchos otros. En el estado naciente revolucionario todos suponían que —dado que el *unum, verum et bonum* es único— al fin el acuerdo sería fácil y natural. En realidad el clero shiíta que llegó al poder condenó casi todo lo que tenía origen occidental. La revolución debía rescatar, integrar, insertar la contribución occidental en la trama cultural iraní e islámica. Mas, concretamente, ¿qué cosa conservar y qué eliminar, qué cosa declarar buena y qué mala? Casi todo fue declarado malo. No debe pensarse que esta situación se limite a la revolución iraní. Esta nos la muestra deformada y aumentada. Mas ella es absolutamente general.

En los orígenes del cristianismo se presentó el problema de la conservación de la ley. La comunidad de Jerusalén guiada por Santiago el Justo aceptó la ley y fue considerada por los fariseos como una de las tantas sectas hebreas. El grupo de Esteban, constituido por hebreos helenizados, no estaba de acuerdo. Pedro intentó ejercitar una mediación. También aquí el problema está en qué cosa del pasado debe ser incluida en el movimiento y qué cosa debe ser expulsada. Ahora en esta fase no existen normas preconstituidas, ni instituciones, ni precedentes. De aquí el dilema. Pero en el cristianismo de los orígenes el momento dramático llegó con Pablo que, volcado al mundo grecorromano, sostuvo la abolición de la ley. El dilema desgarró a las comunidades asiáticas: ¿ser cristianos y dejar la ley, o por el contrario conservarla y permanecer en el judaísmo? La elección del cristianismo de Pablo comportó un abandono del judaísmo porque, una vez suspendida la ley, los hebreos repudiaron a los cristianos. Hacia el fin del primer siglo la comunidad de Santiago el Justo terminó siendo considerada herética por ambas partes.[2] Sin embargo, Santiago y los suyos tenían motivos válidos para sostener el respeto de la ley. Incluso el mensaje de Jesucristo —como todos los mensajes del estado naciente— no sostenía el deseo de abolir la ley, sino de completarla. Ese mensaje quería sacar a la luz,

[2] Acerca de los judeocristianos, véase Jean Danielou: *La teología del giudeo-cristianesimo*, Il Mulino, Boloña, 1974; Lino Randellini: *La chiesa dei giudeo-cristiani*, Paideia, Brescia, 1968; Oscar Cullmann: *Le problème litteraire et historique du roman Pseudo-Clementin, étude sur le rapport entre Gnosticisme et le Judéo-Christianisme*, Alcan, París, 1930. Acerca de la posición de Pedro, véase además de Oscar Cullmann y otros: *Il primato di Pietro nel pensiero contemporaneo*, Il Mulino, Boloña, 1968. Acerca del conflicto entre Pablo y los judeizantes de Santiago, véase Marcel Simon y André Benoit: *Giudaismo e cristianesimo*, Laterza, Bari, 1978, págs. 68-71.

evidenciar, develar cuanto era ya la verdad del judaísmo.

Volvamos al punto fundamental. En el estado naciente se revela una identidad de deber y placer, de libertad y de eticidad que toda institución dice querer conservar porque toda institución ha nacido de ese modo. Así el *novum* se contrapone a lo antiguo en cuanto supone recoger el núcleo de valor perenne del cual aquél fue sólo una manifestación histórica, una encarnación insuficiente, inadecuada. En esta luminosa aparición del ser como valor, la verdad genera libertad y nadie que tenga buena voluntad puede negar el reinado del cual ya se tiene experiencia en la comunidad naciente. Todo esto tiene lugar en la fase de fusión, aquella en la que el campo se reorganiza, se jerarquiza. Mas la diversidad de origen, de experiencia, étnica, familiar, de clase, hace que, pasando al modo concreto de organizar las relaciones sociales, estallen las diferencias. Siempre hay quien quiere conservar mucho del pasado y quien, en cambio, quiere cambiar mucho. Siempre hay quien considera intolerables ciertas cosas que para otros son esenciales. Esto se ve incluso en el más pequeño de los fenómenos del estado naciente, el enamoramiento. De los dos que se aman uno desea un hijo y el otro no. El deseo del hijo ha entrado en el campo luminoso de las cosas que tienen valor propio en virtud del enamoramiento. El deseo —en el otro— de permanecer solo con la persona amada se ha vuelto esencial también a través del enamoramiento. Y estas diferencias se pueden presentar respecto de otras innumerables cosas: la tradición religiosa, la relación con los padres, la ideología. La fusión en buena parte anula estas diferencias, pero también da a luz otras nuevas porque crea valores. Son cosas que pertenecen al pasado, que en el pasado fueron sustraídas a la potencia de lo negativo y que ahora se hacen deseos que reclaman una plena y total satisfacción. Dados al menos dos individuos, la reestructuración del campo no coincide, siempre hay regiones en que alguna cosa para uno se eleva al estatuto de ser dotado de valor y para el otro carece de valor o, lo que más cuenta, es inaceptable. En una multiplicidad de individuos de diverso origen el choque de discrepancias es enormemente mayor. De aquí el estallido de fuerzas centrífugas en el grupo, las separaciones, las escisiones, los juramentos, la dinámica exaltante y dramática de los movimientos históricos. De aquí también la emergencia, frecuente, de un jefe que media entre derecha e izquierda y constituye el centro ético del grupo. En el grupo en estado naciente todos son líderes porque cada uno entrevé lo verdadero y lo bueno. Pero dadas las diferencias que existen —y que no deberían existir— estalla el dilema. La emergencia de un jefe es ya un modo de eludir el dilema, porque a él le es demandada la elección. El jefe no hace sino dar solución a cuanto es un problema para todos. ¿Qué cosa conservar y qué innovar, qué cosa sostener en la luz del ser que tiene valor y qué cosa considerar contingente, caduca, eliminable? Esto sin embargo significa que no era contingente y debe volvérselo contingente. La gente que estaba en torno de Santiago había integrado, en el cristianismo, la ley. Esta aparecía revitalizada, resplandeciente, preparación auténtica para el segundo retorno de Cristo. Con el cristianismo paulino se reclama a esta gente abandonarla, juzgarla algo superado, algo de otros —de los hebreos— a quienes ellos pertenecían y ante quienes se sentían portadores del destino mesiánico. Con el cristianismo paulino las reglas de la *torah* se convierten en signo de exclusión del cristianismo. La conversión al cristianismo, anunciada y sentida como cumplimiento del judaísmo, de hecho se transforma en repudio: el judaísmo pasa a ser malo. Tomando otro ejemplo, recordemos que por mucho tiempo Mahoma se sintió inseguro sobre la naturaleza del Dios que le hablaba. El era el dios de Abraham, de Israel y de Jacob, mas los hebreos lo rechazaban como último y definitivo profeta. Tampoco los cristianos aceptaban ponerlo por encima de Jesucristo, a quien él, además, consideraba el más grande de los profetas después de Moisés. De allí el dilema de Mahoma, que luego él descargó sobre los cristianos y los hebreos atraídos por la nueva religión. Quien se adhirió fue obligado a considerar a su religión precedente inferior, superada, reprobable. La tentativa de salvar ambas cosas, que a lo mejor parecía posible, estaba destinada al fracaso. Lo que cuenta, en esta dramática situación en que lo viejo aparece redimido por lo nuevo, es que lo viejo debe ser transformado en mal. Mal es algo que fue amado, intensamente amado y deseado y que debe ser abandonado. Entonces es necesario construir contra ello una barrera, investirlo de negatividad. En los grandes procesos colectivos todo esto permanece oculto porque el grupo triunfante quita la palabra al vencido, y éste acepta perderla. El jefe decide y da órdenes en nombre de la colectividad que él encarna y quien acepta debe erradicar dentro de sí aquello que creía. Mas debe atravesar aquel punto de indiferencia en el cual ambas alternativas —las dos positivas— brillan con la misma luz, atraen de igual modo y una sola debe ser elegida, y no existen criterios de elección. La voluntad está entonces como suspendida sobre un abismo. Para que el valor pueda existir es necesario que una parte del *unum, verum et bonum* sea amputada y degradada. Es necesario después que se tenga fe en la elección y se considere tentación toda indulgencia hacia lo que ha sido abandonado. Los grupos, los movimientos, las instituciones elaboran entonces una pedagogía para que todo ello sea respetado. Ya está dicho en el padre nuestro ''no nos dejes caer en la tentación''. Sin embargo quisiera aquí recordar, como ejemplo más moderno, los trabajos pedagógicos de Brecht.[3] Pensemos por ejemplo en *Línea de conducta*. Hay aquí cuatro agitadores rusos

[3] Bertolt Brecht: *La linea di condotta*, en ''Teatro'', vol. II, Einaudi, Turín, 1954, págs. 409-444.

enviados a Mukden para organizar el partido. Un joven chino que ama a su sufrido pueblo y lucha contra el capitalismo se une a ellos. Ellos le piden que haga un trabajo político. Mas el joven se deja siempre conducir por los sentimientos, por el amor hacia los suyos, por la piedad, por la generosidad. Todos factores que son la expresión de la autenticidad de su conversión y de la sinceridad de su lucha. Él es honesto y puro de corazón. Pero lo que él hace perjudica la obra de los cuatro agitadores cuya tarea no es aliviar los sufrimientos, sino construir el partido. Finalmente ellos lo fusilan y el coro dice que tienen razón. Aun el joven acepta la muerte: "En el interés del comunismo, de acuerdo con el comunismo de las masas proletarias de todos los países, diciendo sí a la revolución del mundo". El coro comenta: "Estamos de acuerdo con vosotros. Vuestra relación nos muestra cuán necesario es cambiar el mundo: desdén y tenacidad, ciencia y rebelión, rápido impulso, meditado consejo, fría paciencia, perseverancia infinita, inteligencia del detalle e inteligencia del todo: sólo instruidos por la realidad podremos cambiar la realidad". El joven entendía que el comunismo era el acto generoso y fraterno y el amor apasionado por los oprimidos. Tres veces debe elegir. El hecho de que elija la vía de la generosidad muestra su dilema. En un cierto momento él dice: "Entonces los clásicos son mierda y yo los denigro: porque el hombre, el hombre que aúlla y su miseria derriban todas las vallas de la doctrina"; y a continuación: "¿Mas, qué es el partido?" El coro responderá: "Somos nosotros... no recorras sin nosotros la vía justa: sin nosotros es la más equivocada. ¡No te apartes de nosotros!... El partido tiene mil ojos, el partido ve siete estados... el partido no puede ser humillado". Este tipo de pedagogía —mostrada ahora en el marxismo, pero idéntica en su estructura en el islam, en el cristianismo y en toda otra institución— elimina el dilema porque transfiere la responsabilidad de la elección al partido (o a la iglesia) y la oculta porque contrapone no dos rostros contradictorios de la que debiera ser una única verdad, sino verdad y error, norma e impulso. Con la nueva pedagogía el mal sale enriquecido: ya no sólo el ser capitalista, el ayudar a los capitalistas, sino también el amar al pueblo dándole la prioridad sobre el partido. Las innumerables escisiones que ocurren en los movimientos son expresiones de dilemas y no sólo de intereses y oportunidades. En el drama de Brecht el joven podría huir, pero no huye. Se le pregunta por último si está de acuerdo en ser ejecutado, y él dice que sí. Todo aparece pedagógicamente como un convencimiento. En cambio, en la realidad hay un vuelco. Él se encuentra totalmente libre y, libremente, se constituye (a sí mismo) en mal. Las argumentaciones, los razonamientos, las presiones son todas fuerzas que ejercen su influencia, mas el acto decisivo es libre: es un vuelco que pone en movimiento a toda una cadena de consecuencias. Es, en efecto, la separación entre el bien y el mal.

Aun en el enamoramiento más profundo, en la pasión más luminosa somos libres: podemos decir que sí o que no. El precio de una o de otra alternativa es altísimo. Seguir con la persona amada significa privar de valor a otras cosas que se aman, afrontar incertidumbres, pruebas, dolores. Dejarla significa afrontar la petrificación. En el primer caso el pasado deberá tomarse como mal y error; deberá crearse una barrera para que no retorne. En el otro caso la persona amada deberá ser transformada en un ser malvado; se le deberán encontrar defectos, culpas, inicuidad. Es una obra de negativización lenta, fatigosa, despiadada. Dificilísima en el individuo aislado, más fácil en las colectividades donde el consenso colectivo, las manifestaciones de masas delirantes a favor o en contra arrastran al individuo lacerado y que no pide más que el alivio de ser arrastrado, convencido, tranquilizado en su elección. Estas manifestaciones de masa, la insistente y capilar propaganda, el público elogio y la pública acusación, la persecución de los disidentes, son las fuerzas colectivas que ocultan al dilema originario y transforman la situación de total apertura a la luz del *novum* en una dicotomía de bien y de mal, de amigo y de enemigo. Durante este proceso y a su fin somos dominados por estas cosas y nos parece que son originarias. Precisamente su violencia y su intensidad son prueba de la gravedad del problema que ellas deben resolver: mantener dividido lo que estaba unido, mantener separado lo que era potencialidad total de bien. Esto también nos explica por qué —como hemos visto en el primer capítulo— todo nuevo movimiento, toda nueva filosofía que habla a lo profundo del hombre promete —y no puede dejar de prometer— una superación de esta fractura entre bien y mal: el marchar más allá del bien y del mal.

### 3. Voluntad y libertad

Hemos dicho que, en el dilema, la voluntad es libre. Esta es la diferencia fundamental entre la situación de la pérdida y la del nacer. En la pérdida no hay libertad porque nosotros no podemos no desear lo que, siéndonos sustraído, se nos aparece como ser dotado de valor. Mas en el nacer, dado que el *novum* es siempre una fusión de cosas previamente separadas y una separación de cosas previamente unidas, se enfrentan en cambio alternativas dotadas de valor. Toda la época moderna se caracteriza por el rechazo del concepto de libre arbitrio. El pensamiento utilitarista no necesita de él porque en la decisión se confrontan y sopesan dos utilidades. El ser racional elegirá la mayor. Sólo un acto irracional hará elegir una utilidad menor. En el universo utilitarista no existe dilema sino sólo indiferencia. Si una cosa vale, la otra se puede elegir incluso al acaso, sin ningún compromiso dramático. Toda nuestra vida cotidiana está hecha de elecciones de este género. Algunas hasta pueden ser sumamente riesgosas, cargadas de consecuencias. En estos casos vemos clarísima la experiencia de la libertad. Pero no nos hacemos la terrible pregunta: ¿Qué es, entre lo que parece justo y deseable, lo justo y lo necesario?

El dilema no surge espontáneamente, es producto de una necesidad. O se elige o se pierde todo. Se lo afronta para salvar del aniquilamiento a una parte de la totalidad. El dilema implica voluntad de salvar algo, de convertirlo en ser. La necesidad, que viene del exterior, debe ser internalizada y debe volverse necesario que algo (del total) sea, y que algo no sea. Aquello que sea elegido se volverá entonces necesario y toda la vida, toda la inteligencia y —en los procesos colectivos— toda la potencia de la propaganda y de la represión serán puestas al servicio de la demostración de su necesidad. *Ex post* todo es necesario. Siempre habrá una manera de demostrar que la balanza de las fuerzas en juego se inclinaba en esa dirección. El determinismo psicológico como el histórico son la racionalización última de algo que tiene origen no bien el dilema se trunca. En efecto, el dilema no se resuelve: se trunca. Por uno y por otro lado de ambas alternativas imaginamos enteros proyectos de vida, cadenas de consecuencias posibles sopesadas en todas formas. Mas nosotros, hasta el final, *sabemos* que podríamos revertir la elección. El hecho de acumular peso y fuerzas en una dirección sirve para facilitar la elección, para hacerla aparecer racional. Pero es sólo un recurso práctico, pues la elección no es una elección entre utilidades, sino dentro de la propia totalidad dotada de valor en la cual la contingencia ha creado una fisura. En la filosofía escolástica había surgido el problema de si el hombre era libre de decir que no a Dios. Santo Tomás resuelve el problema diciendo que si el hombre pudiese conocer a Dios en su beatitud beatificante no podría sino elegirlo. Sin embargo en su condición humana el hombre no tiene tal conocimiento de Dios: él lo conoce abstractamente y es por ello que puede preferir a Él una de las cosas del mundo, de menor valor pero más concreta. En el extremo opuesto, Duns Scoto sostuvo que la libertad del hombre es tal que él puede decirle que no incluso a Dios. Deseando colocar nuestro problema en el cuadro de esta antigua cuestión deberíamos decir que Dios, en la experiencia humana, se revela sólo un instante, como un deslumbramiento. Mas el problema no se da nunca como elección entre Dios y algo mundano, sino entre manifestaciones divinas. Si en cambio preferimos una referencia menos arcaica y más moderna, el psicoanálisis nos ofrece la de la elección impuesta al niño entre el padre y la madre. Ante él, padre y madre se presentan unidos. También su inconsciente los representa tal como en la figura combinada de Melanie Klein. Por lo tanto, el conflicto edípico es un dilema porque requiere escindir la duplicidad que se presentaba originalmente como unidad. En la filosofía contemporánea el problema retorna con el nombre de problema de la diferencia. Lo que se ha perdido en la elaboración contemporánea es el aspecto de la libertad, al cual ha reemplazado un temor reverencial hacia el determinismo (psíquico, histórico y, hoy, genético a través de la psicobiología).

Como veremos mejor en los capítulos sucesivos, este ocultamiento del dilema tiene en la época moderna su razón. En efecto, nunca como en el mundo moderno la transformación científico-técnico-económica ha subvertido las precondiciones de la convivencia, creando un vacío de fines que sólo la irrupción del ser como valor, en la pérdida, pero sobre todo en el *novum*, ha tratado de colmar. Es decir, nunca como en la época moderna los movimientos han tratado de reconstituir un sentido unificado de lo social, pero sin lograrlo o lográndolo al precio de una terrible socialización totalitaria. En una sociedad diversificada y en estado de continua diversificación en sus posibilidades, el estado naciente unifica, por fusión, ciertas componentes sociales, pero si se generaliza es pronto lacerado por las diferencias que reclaman ser incluidas en el todo. Pensemos en la Revolución Francesa. La progresiva implicación de las diversas clases sociales, la transformación —producto de la misma revolución— de su condición, provocó fortísimas tensiones en el seno del movimiento revolucionario. La fraternidad-terror, la fraternidad impuesta con el terror fue el medio para contenerlas. En realidad, en la Revolución Francesa la diosa Razón resultó prontamente despedazada, y cada una de las dos "emanaciones" reclamó y obtuvo el sacrificio de las otras. ¿Cuántos, como Mirabeau, estaban a favor de una monarquía constitucional? ¿Cuántos, como Robespierre, contra la pena de muerte, cuántos los pacifistas? ¿Por qué el terror? ¿Impulsos sádicos removidos o la objetiva lucha de clase que se ha afirmado en la conciencia subjetiva, pura superestructura que la expresa? En realidad el terror fue deseado. Siempre hubo un momento de elección. Las revoluciones son crueles precisamente porque todos saben que todos eligen. Danton quería la república porque el rey significaba demasiado del pasado. Marat quería la muerte del rey para hacer irreversible el proceso, para superar un punto de no retorno. Ambos afrontaron el dilema y eligieron una alternativa haciendo de ella, ante todo para sí mismos, una necesidad. Robespierre eligió la lucha contra la corrupción en un sistema social donde la propiedad privada era legítima y donde todos trataban de enriquecerse. Esto requirió aceptar también la pena de muerte y el usarla a voluntad. Es justamente porque existe el dilema, porque la voluntad es libre que las consecuencias son tan aterradoras. Elegir una parte del dilema significa haber perdido la totalidad del ser. La pérdida es terrible y dramática. La entidad particionada no será ya nunca la totalidad. Para convertirla en tal se efectúa la negativización del resto, un proceso activo de destrucción que, en las revoluciones, se ejecuta mediante exterminios, persecuciones, anulación y reescritura de la historia. Es un proceso de mistificación, de *falsificación consciente*, y que sólo con el tiempo encuentra una justificación y una absolución. Como en las guerras, por otra parte o, más simplemente, en los litigios. Quien agrede primero encuentra en la reacción del otro la justificación de su agresión. Así, en caso de conflicto ambos están convencidos de haber sido agredidos y sostienen que han simplemente reaccionado a la agresión. Que sin embargo el acto agresivo existe y es un acto libre, lo demuestra el hecho de que todos insisten continuamente en discutir quién ha iniciado la acción y sostienen que ha sido el otro.

La pérdida de la totalidad del ser que tiene lugar al elegir una parte del dilema es así ocupada por *la deificación de la parte elegida y la demonización de la parte rechazada*. Este es el "pecado original" que acompaña a cualquier nacimiento histórico. De ello deriva entonces un corolario fundamental: que cuanto más ocultado sea este proceso, tanto más falsificada será la deificación y tanto más despiadada la demonización. Quienes en los movimientos y en las revoluciones intentan conservar el uno originario, en realidad no pueden hacer otra cosa que asumir algunas de sus manifestaciones. *Si niegan esta pérdida, si quieren convencerse a sí mismos y convencer a los demás de que aquélla es la totalidad, entonces deben volverse intolerantes y despiadados.* Si quieren imponerla por doquier y para siempre, aún más intolerantes y despiadados. Terrible es el precio de la represión para ocultar la conciencia de la falsedad. Nosotros somos hoy golpeados por la desaprensión del marxismo-leninismo. En vista de la revolución final que liberará a todos los hombres de la violencia, todo engaño, toda violencia se ven justificados. Con las palabras de Brecht: "Sólo con la violencia se puede transformar este mundo homicida, como sabe quienquiera que viva". La historia es anulada y reescrita continuamente en vista de la utilidad política al partido en el poder. Si cada cosa se reduce a un fin para tomar el poder, todo el resto debe ser conscientemente falsificado. Todo lo que se encuentra fuera o contra aquello es, en la mejor de las hipótesis, falsa conciencia. Esta lúcida conciencia de lo falso y de la falsificación hace decir a los marxistas que la suya no es una ideología. La ideología, en efecto, es un producto inconsciente de los intereses, su automático camuflado en el lenguaje de los valores. Máxima en el marxismo, sin embargo esta conciencia de la falsificación existió también en la iglesia católica. Basta con pensar en la orden de los jesuitas y en su defensa de la fe por medio de la mentira. Mas la separación entre lo esotérico y lo exotérico se encuentra en casi todos los cultos. En el marxismo la cosa es sólo más evidente, manifiesta, brutalmente erigida en doctrina. Todos los que prometen eliminar totalmente el mal de la tierra, en realidad, han construido conscientemente un mal a eliminar. Ellos han producido el mal y han prometido extinguirlo. Tampoco pueden obrar de otra forma, porque producir el mal y tener que extinguirlo son un único acto.

¿Qué decir entonces de quienes prometen marchar más allá del bien y del mal? Hoy el mundo está lleno de ellos. Basta, en general, según ellos, con perseguir verdaderamente el placer sin plantearse problema alguno acerca de los valores. El dilema no existe. El dilema nace en la aspiración de algo absoluto que no es alcanzable. Buscar el placer sin absolutos, la amistad en lugar del amor apasionado, la convivencia en el lugar de la justicia, evitar todo lo que represente tensión, sufrimiento, morbosa moralidad. ¿Es un programa perseguible? Sin duda. Pero implica la deliberada, voluntaria, tenaz eliminación de todo objeto dotado de valor. Significa aprender a no dar valor a lo que es sutraído y a hacer añicos, hasta sus orígenes, la aparición del *novum*. Significa, más en general, eliminar del vocabulario a la palabra ser, tal como lo han hecho algunas formas del budismo y en particular el Zen.

Significa aprender a perder cualquier cosa. Si secuestran a tu hijo, no pagarás el rescate porque te es indiferente. Si te enamoras, dejarás enseguida a quien amas para no apegarte a él. Eliminar al ser del mundo significa considerar todo ilusión, flujo continuo de apariencias, el gran vacío del que escribía Nagarjuna.[4] O —lo que es lo mismo— considerar que todo es ser por lo cual nada desaparece, porque el desaparecer no está determinado por la experiencia, sino sólo por el ser esto o aquello, como sostiene Severino.[5] Lo penoso es en cambio ver a estos hedonistas y a estos afirmadores de la nada o del ser participar del debate político, tomar posición, batirse por una causa y derrumbarse por una pérdida.

Tenemos así dos extremos. Por un lado los fanáticos que adoran una verdad parcial y demonizan al resto. Aquí el dilema está ocultado por el fanatismo. Por otro lado los escépticos, los utilitaristas, los hedonistas, los custodios de la nada y los negadores del tiempo cuyo problema es impedir la revelación del ser dotado de valor y del dilema. Ambos mienten: los primeros en su no creer y los segundos en su creer. Quien escondió la mentira al principio la encontrará al final. El marxista la encuentra en la ideología de la cual el mundo está harto. Khomeini, en las artes del demonio que inspira a los americanos y tienta a su pueblo. Los nihilistas en una extraña deformación de la mente humana —de la que ellos son inmunes— que encuentra el modo de creer y de amar donde no hay nada que creer ni amar. Si, en cambio, nosotros los hombres tomamos al ser dotado de valor en la pérdida y en el nacer, entonces también deriva de ello el dilema y el origen del bien y del mal. Si considero que el fanatismo es un mal deberé buscar sus raíces en la particular elección cumplida dentro de un bien. Si considero que la toleran-

[4] Véase F. J. Streng: *Emptiness: A study in religious meaning*, Abingdon Press, Nashville, 1967.
[5] Emanuele Severino: *Téchne. Le radici della violenza*, Rusconi, Milán, 1979; Gli abitatori del tempo, Armando, Roma, 1978.

cia es un bien deberé —humildemente— establecerla como uno de los cuernos del dilema en el momento dramático de la elección, y desearla. Aun desear la tolerancia significa perder algo de la totalidad. Dentro de nuestra tradición cultural es sin duda más simple ser tolerantes en la vida cotidiana y fanáticos en los momentos de tensión colectiva. Pero quede claro que la tolerancia no es marchar más allá del bien y del mal. Es establecer la tolerancia como bien y la intolerancia como mal. Y de igual modo con cualquier otra cosa que nosotros consideremos virtuosa, apreciable o civilizada.

También rechazar el dilema, negarlo, diferirlo es elegir. Y siempre nos encontramos frente a una elección no abstracta sino concreta, no fría sino en la pasión, no en los días serenos sino en aquellos de la ira. Al término de la *Orestíada*, cuando el dilema divide al Aerópago en partes exactamente iguales, Atena echa su voto contra las Furias. Lo hace libremente porque —como ella dice— no nació de una mujer. Pero luego, también libremente, llama bienamadas a las diosas vencidas y les promete un santuario en cada hogar. No rechazando al dilema histórico, sino eligiendo y otorgando a la benevolencia y a la convivencia el rango de virtud, podrá pronunciar la sentencia del equilibrio griego entre lo viejo y lo nuevo: "Sea finalmente la paz entre Zeus y la Moira".

## 4. La cosecha simbólica

En el proceso de constitución de las instituciones, nosotros encontramos la necesidad de separar el bien del mal, y simultáneamente recuperar el máximo posible de la experiencia originaria del ser como valor capaz de dar felicidad. Nos hemos demorado de manera particular en la construcción de lo negativo. Debemos ahora decir algo acerca de la construcción de lo positivo. Sin embargo, an-

94

tes de proceder debemos afrontar un problema. Nosotros hablamos siempre de construcción de las instituciones a partir del movimiento. ¿Puede haber institución sin movimiento?

La respuesta, en términos teóricos generales, es no. Pero es preciso tener presente que el movimiento colectivo, cuando termina, deja una traza, un recuerdo. A este recuerdo lo he llamado *nostalgia*.[6] Buena parte de la cultura es producto de esta nostalgia. La cultura conserva lo que se ha disipado o extinguido en la acción. En los individuos aislados permanece encendido o se reenciende el fuego que, históricamente, ha ardido quizás sin producir nada o sin producir lo que de él se esperaba. Por otra parte los *movimientos culturales* no son movimientos colectivos como los demás. No sólo porque los integran pocos individuos sin ideas oceánicas ni líderes carismáticos, mas porque se caracterizan más por la evocación, la experimentación, la elaboración. Sobre todo el arte es evocación y *recuerdo*. La experiencia del estado naciente no aparece directamente sino como presupuesto. En el gran arte la contingencia adquiere el esplendor que tiene en el estado naciente, mas sin perder sus características de fragilidad, de evanescencia. Esto porque la tensión entre realidad y contingencia tiene lugar en el recuerdo, y en el recuerdo no hay dilema, mas la luz puede ser desplazada de un campo al otro. Es así que el arte, el verdadero gran arte, elimina el dilema en el lector o en el espectador. Propone de nuevo, en esencia, las condiciones del dilema, lo evoca, pero al mismo tiempo lo anula. Todos quienes han querido readjudicar la respuesta última al arte —como ha sucedido, al menos en ciertas fases de sus pensamientos, con Schiller, Schopenhauer, Nietzsche, incluso Marcuse— han favorecido la elusión del dilema. La vida como arte, la sociedad como arte, la sociedad danzante, la so-

6 Francesco Alberoni: *Movimento e istituzione*, obra citada, págs. 177-182.

ciedad dionisíaca llevan implícita la sustitución de la vida con el recuerdo. Hay en estas soluciones, por lo tanto, un parentesco con la fiesta. La fiesta es una institución y como tal presupone la solución del dilema, la elección. En efecto, la fiesta tiene un principio y un fin, se desenvuelve en un cierto espacio y en un cierto tiempo. Aquí puede reactualizarse algo del estado naciente, mas sin que ello estalle y desborde convirtiéndose en movimiento. Y lo que en la fiesta se cumple, sea mito, rito o celebración, es siempre recuerdo de algo. Contenido en el espacio-tiempo definido, el acto representado no tiene ya dramaticidad, no comporta ya rupturas. La elección ya ha sido hecha y por ello todo cuanto se haga —en cuanto hecho según las reglas— está bien.

El malogro —aun catastrófico— del sueño del estado naciente no deja un vacío sino un conocimiento. Y los hombres proyectan y construyen instituciones a partir de éste. Las *instituciones* no son sólo el precipitado del movimiento sino algo que, a partir de él y en el recuerdo de él, toma su lugar. Dentro de la economía del presente trabajo no es posible un estudio sistemático de estos procesos. Por ello me limitaré a ilustrar un ejemplo y una modalidad de este modo de operar. Cuando, en la culminación de su esperanza mesiánica, Sabbatai Zevi se convirtió al islam, en toda la diáspora que había esperado se desató una catástrofe psicológica. Muchos volvieron al rabinismo ortodoxo. Otros, como los dönmeh, siguieron considerando que Sabbatai era el mesías, se convirtieron como él al islam, mas falsamente, y conservaron el secreto mesiánico como doctrina esotérica de la secta. Aquí la tensión de lo extraordinario (lo divino) se obtiene precisamente gracias a la *práctica* del disimulo. El *trabajo* que requiere ser clandestino entre los musulmanes como entre los hebreos ortodoxos crea un sentimiento de unicidad, de extraordinariedad. Sólo ellos son los elegidos, los custodios de una verdad "indecible". La producción del

96

límite, requerida por el dilema, aquí se materializa en el ocultamiento que significa separación, creación de distancia social.

En la otra secta mesiánica, los frankistas, el dilema produce en cambio una transgresión manifiesta. Sólo aboliendo la *torah* se testimonia el advenimiento del tiempo mesiánico. En estas dos sectas se presenta una continuidad con la experiencia de la catástrofe mesiánica de Sabbatai. El desengañado conserva la certeza del cumplimiento del advenimiento por medio de una u otra práctica. Él eligió creer y la institución es la *estructura de prácticas* que le permiten vivir lo que él ha decidido que ocurra: el cumplimiento del eón maldito y el alba del eón divino.

Mas hubo también quien renunció a la esperanza mesiánica. Esto ocurrió en el rabinismo ortodoxo que la desplazó indefinidamente en el tiempo, un poco como ocurrió en el cristianismo con el segundo advenimiento de Cristo. Pero el proceso es particularmente interesante en el movimiento jasídico. Este es un movimiento, con un fundador, Israel Ben Eliezer. Aquí la experiencia negativa de Sabbatai produce una verdadera y peculiar negación del mesianismo. En el lugar de una redención colectiva, instantánea, encontramos una redención del individuo y de sus raíces. Es una transfiguración ritual de la cotidianeidad. No hay ningún secreto que mantener, ninguna infracción que satisfacer. La tarea se convierte en santificar cada fragmento de la vida cotidiana. Es como si todo fuese contingente e impuro si no se lo torna puro y santificado. La separación entre luz y tinieblas, realizada por el mesías, es aquí realizada por todos. La elaboración cabalística de Luria no es negada: es inclinada en otra dirección.[7] Lo que nos impacta de esta secta es la recuperación

---

[7] Me atengo aquí a la interpretación del Jasidismo de Gershom Scholem no por todos compartida. Véase *The neutralization of the messianic element in early Hasidism*, en *The mesianic idea in Judaism*, obra citada, págs. 176-202.

de la esperanza, tras la gran desilusión, mediante un trabajo que podríamos llamar de *cosecha*. La nostalgia de lo que se perdió con el exilio, con el fracaso del mesianismo, esta esperanza es reelaborada y reencendida. Las cosas de la vida cotidiana se convierten en punto de partida de una santificación que las hace bellas, esplendorosas, divinas.

Sin embargo, lo que el movimiento jasídico nos muestra de manera tan evidente es, en realidad, algo muy difundido y general. Ello consiste en la construcción positiva del objeto. Hemos hablado de la construcción del enemigo y del mal. Esta es la otra cara. El enemigo, el mal se construye trayendo del mundo todos los recuerdos negativos para conducirlos a un único lugar. Este trabajo da por resultado un símbolo que engloba en sí a la totalidad del mal. No obstante, lo mismo ocurre con lo positivo y, tal vez, en mayor medida. Usando el lenguaje cabalístico, se trata de recolectar las chispas divinas para reconstituir a *Adam Qaldum* para ver nuevamente el rostro de Dios (la *shekinah*). Lo que los seguidores de Sabbatai, los dönmeh y los frankistas esperaban del mesías, los jasidim lo hacen individualmente y en conjunto. Extraer de cada cosa el fragmento de luz que tiene aprisionado y concentrarlo en el fuego. Fuego que es alegría.

En el proceso de construcción positiva, la nostalgia es el punto de partida para recoger, alrededor de lo que sea y con quien sea, sólo experiencias placenteras, eliminar lo negativo, hacer converger allí toda experiencia feliz. Esto significa construir un área protegida de toda interferencia de ambivalencias o fuerzas banalizantes. También aquí está en acto la voluntad, la voluntad de constituir algo digno. Puede ser una persona, una relación, puede ser la propia secta o el propio partido. Tomemos el caso más simple, el del amor por una persona. No estamos frente a un enamoramiento, no existe la revelación del ser que tiene valor. Existe sólo la nostalgia del enamoramiento, el deseo angustiante de una unión mística que no ha existido o ha terminado. La producción del objeto es así obra de la voluntad, arte de amar. Ella se manifiesta tratando de obtener —en el contacto con una persona con quien es agradable estar y que nos puede proveer gratificaciones— el máximo posible de alegría evitando todas las posibles frustraciones. Es la regla esencial del hedonista, mas aplicada sólo sobre un único objeto, por ello con toda la inteligencia y la capacidad que es imposible ejercitar en todas las relaciones. En aquel objeto se hacen confluir todos los recuerdos, todas las experiencias placenteras, todas las fantasías positivas. Es lo que ocurre espontáneamente en el estado naciente del enamoramiento. Pero aquí se persigue intencionalmente. El objeto, de tal modo, no se produce por una pérdida sino sólo estimulando la pérdida, creando desapegos, espacios en los que se reconstituye el deseo. El deseo no debe disiparse sino concentrarse. Poco a poco todos los fragmentos de luz de la propia vida se hacen confluir en un único punto que constituirá un "fuego". Este tipo de proceso es frecuentísimo. Lo ponen en práctica habitualmente la madre y el padre respecto del hijo, los amantes para conservar vivo su amor, los fieles de una secta o de un partido respecto de sus líderes o del partido mismo. Lo cumple, en gran medida, el artista respecto de su obra. Lo cumple en fin, en extrema medida, el místico pensando en dios. Los ejercicios espirituales de San Ignacio son sólo un ejemplo de esta práctica de *cosecha simbólica* y de producción del símbolo que concentra en sí mismo la alegría beatificante.

En cada oportunidad, en este breve examen, hemos reencontrado a la voluntad, es decir, a la elección y a la determinación, en la producción de toda cosa positiva que se aleje del resto y brille con luz propia. Todas las instituciones producen este efecto, ora con una técnica, ora con otra. O conservan el "fuego" de su estado naciente o, partiendo de la nostalgia y del recuerdo, reactivan aquel que fue experimentado en el pasado y luego perdido.

## 5. Conclusiones y problemas

Hemos descripto al origen del bien y del mal como producto de una decisión arbitraria, de un acto de voluntad que debe elegir entre dos alternativas positivas. De ellas una se vuelve bien y la otra mal. Esta separación constituye también el acto de nacimiento de todas las *instituciones* a partir del estado naciente. Así, toda institución tiene en sí algo de arbitrario, de construido, de deseado. Los procesos estudiados son extremadamente generales: los encontramos en las civilizaciones culturales como el judaísmo, el cristianismo o el islam y en la sociedad moderna. Sin embargo, entre la sociedad de tipo tradicional y la moderna hay una profunda diferencia. En el próximo capítulo trataremos de identificar esta diferencia. Ella depende fundamentalmente del proceso de desarrollo científico-técnico-económico. Esto tiene como propiedad esencial producir fines a partir de los medios a disposición. Es por ello que en la sociedad moderna los fines últimos se van perdiendo continuamente y pueden aparecer sólo en forma discontinua, como consecuencia de catástrofes, a través de las experiencias de la pérdida y del *novum*.

# IV. SOCIEDAD TRADICIONAL Y SOCIEDAD MODERNA

## 1. La ruptura del mundo moderno

He descripto al ser como valor partiendo de dos situaciones límite, dos situaciones de ruptura, cataclismáticas. Pero, ¿cómo es posible explicar la vida concreta de las sociedades de los hombres, su vida cotidiana haciendo hincapié en eventos excepcionales o extraordinarios? La inmensa mayoría de nuestra vida se desenvuelve fuera de la experiencia de la pérdida del objeto dotado de valor. El estado naciente, sea éste individual o colectivo, es también raro e inestable. Es una objeción que el lector tenderá inmediatamente a hacerse y es por otra parte una objeción que en el pasado me ha rondado muchas veces. Mi respuesta es que la manifestación cataclismática del ser como valor es un presupuesto de nuestra experiencia moderna. ¿No se habla continuamente de crisis de valores, de crisis de la razón? No creo que estas expresiones sean sólo frases vacías, lamentos de conveniencia. Todo el mundo moderno ha vivido una ruptura, ha perdido el contacto con cuanto era esencial o podía vivirse como esencial. Los hombres del mundo moderno tienen constantemente o recurrentemente la impresión de vivir en lo inauténtico. Esta enfermedad de lo moderno se ha diagnosticado de varias maneras. Un católico dirá que la enfermedad deriva de la pérdida del cristianismo, un conservador de la pérdida de las tradiciones, un fascista de la pérdida de un *duce*, un marxista de la explotación capitalista. Queda de cualquier modo el hecho de que esta pérdida es descripta, diagnosticada, analizada. Todo ello nos induce a pensar que la relación con el ser dotado de valor existe aún porque de lo contrario nadie podría hablar de pérdida o de enfermedad. Pero, ¿qué tipo de relación es? La mayor parte de los pensadores contemporáneos explica esta experiencia en términos de supervivencia o de nostalgia (supervivencia interna). Tal el caso, por ejemplo, de Horkheimer cuando escribe "...si bien el progreso de la razón subjetiva ha destruido las bases filosóficas de las ideas mitológicas, religiosas y racionalistas, la sociedad civil ha vivido hasta hoy los residuos de aquellas ideas: pero es también cierto que ellas tienden, más decididamente que nunca, a convertirse sólo en residuos y van así perdiendo toda su fuerza de persuasión (...). Todas estas ideas caras al hombre, todas las fuerzas que —sumadas a la fuerza física y al interés material— mantienen unida a la sociedad, existen aún, pero el formalizarse de la razón las ha desprovisto de fuerza. Este proceso... está relacionado con la convicción de que los fines de nuestras acciones, sean cuales fueren, están determinados por simpatías o antipatías en sí carentes de significado..."[1] En realidad, lo que Horheimer observa como característico del mundo contemporáneo se ha presentado siempre, también en el pasado. Los objetos dotados de valor de una determinada época histórica, a pesar de ser cuidadosamente defendidos, inevitablemente sucumben siempre al

---

[1] Max Horkheimer: *Eclissi della ragione*, Sugar, Milán, 1947, págs. 46-49.

paso del tiempo. En el curso de la historia ha tenido lugar una incesante transformación económico-social, un continuo nacer y eclipsarse de ciudades, reinos e imperios, cada uno con sus cultos y con sus dioses. "Cuando —continúa Horkheimer— las grandes doctrinas religiosas y filosóficas se hallaban vivas, los hombres más sabios no exaltaban la humildad y el amor cristiano, la justicia y la humanidad porque tener fe en estos principios equivaliese a dar prueba de realismo en tanto hubiese sido peligroso y extraño desviarse de ellos, ni porque estas máximas armonizasen mejor que otras con sus gustos, supuestamente autónomos. Tenían fe en estas ideas porque veían en ellas elementos de verdad, porque las relacionaban con la idea de logos, o bajo forma de dios o de un espíritu trascendente, o aun con la idea de naturaleza, concebida como un principio eterno. No se creía que solamente los fines más altos de la vida humana tuvieran un significado "objetivo": también en las ocupaciones y en los placeres más banales la fe guiaba a los hombres en la general deseabilidad, en el intrínseco significado de su objeto."[2] Se puede responder a Horkheimer que en esas mismas épocas o en otras sucesivas los hombres también tenían dudas sobre sus mitos y sobre sus creencias generales. No existe una religión egipcia o griega o romana, y ni siquiera una religión cristiana que haya permanecido intacta; sino tan solo un continuo proceso de descomposición y de reconstrucción de creencias religiosas. De vez en cuando, en todo momento histórico, coexisten una "moralidad natural" fundada en la tradición, y un comportamiento práctico, utilitarista, para el que las cosas, las creencias, las ideas son medios para otros fines. Siguen luego los períodos de crisis en los que las antiguas estructuras, las antiguas normas, los antiguos valores continúan existiendo pero tan solo como residuos, como supervivencia. En el

[2] Max Horkheimer, obra citada, pág. 46.

período que va de la mitad del siglo V a.C. a la mitad del siglo IV el sistema de la polis griega se descompone. En el plano político tenemos la guerra del Peloponeso, al que en lo cultural corresponde la sofística, es decir, una forma de racionalismo bastante similar al contemporáneo. En la clase intelectual griega la fe en los dioses y en los valores objetivos del pasado desaparece. La sustituye un patriotismo de tipo nuevo, laico. En el teatro asistimos entonces a una recuperación nostálgica del pasado que se considera cada vez más sabio, pasando de Esquilo a Sófocles, a Eurípides, a Aristófanes. Luego, del año 404 al año 355, se instala una verdadera anarquía, un *bellum omnium contra omnes*, en el que las antiguas lealtades se destruyen. Las fuerzas económicas, religiosas y morales que mantenían unido al mundo griego se despedazan definitivamente y el sistema de las polis ya nunca podrá ser reconstituido. Sólo con Alejandro, primero, y después con el imperio romano y el cristianismo, ocurrirá una nueva recomposición, mas sobre bases totalmente distintas. Fenómenos análogos tienen lugar en Roma con la crisis del paso de la república al imperio. Ocurren en el mundo islámico con la crisis del califato abásida; ocurren en Europa varias veces en aquello que con una única expresión llamamos "medievo", y los encontramos plasmados en aquella filosofía que —con otra expresión sintética— llamamos "escolástica". Cuando Guillermo de Ockham sostiene que en nuestra voluntad no se da una natural inclinación a un bien infinito y ni siquiera a la felicidad,[3] desmiente lo que Horkheimer afirma, es decir, que los hombres eran guiados por la deseabilidad intrínseca de su objeto. Para Ockham la deseabilidad de Dios es —en el fondo— un residuo. También la religiosidad cristiana se renueva y encuentra su objeto pleno sólo en los

---

[3] "Non est in voluntate nostra inclinatio in bonum infinitum intensive". Véase Alessandro Ghisalberti: *Guglielmo di Ockham*, Vita e Pensiero, Milán, 1972, pág. 222.

movimientos religiosos, esto es en la aparición de lo nuevo que la revitaliza o —más aún— la reconstituye. Por otra parte, todas esas cosas que en cierto momento surgen como certezas objetivas, fundamentadas establemente y establemente reconocidas, deben su condición al hecho de haber aparecido, haberse impuesto, haberse generalizado. Tanto el mundo bizantino como el persa se encontraban en una profunda crisis cuando apareció la potencia árabe-islámica. Conflictos religiosos y de clase minaban al imperio sasánida. La tentativa de reforma de Mazdak había sido sofocada con cruel ferocidad por Khusrav el Inmortal un siglo antes, pero el país no había sido pacificado. La fe islámica se afirma como *novum* sobre estos pueblos debilitados.

Son éstos los grandes momentos históricos de la aparición y la afirmación de lo nuevo. En este caso, tenemos literalmente la aparición de un nuevo dios y de una nueva ley. Mas —quitando de en medio al elemento religioso— el mismo tipo de fenómeno se da también en el mundo moderno. Horkheimer escribe: "En el siglo XVIII la convicción de que el hombre está dotado de ciertos derechos no era una simple repetición de convicciones alimentadas por la comunidad ni tampoco de convicciones transmitidas de padres a hijos: ella reflejaba la situación de los hombres que reivindicaban aquellos derechos, expresaba una crítica a condiciones que imponían un cambio; esta necesidad era comprendida por el pensamiento filosófico, y se traducía en pensamiento filosófico y en acciones históricas. Los precursores del pensamiento moderno no deducían al bien a partir de la ley —llegaban incluso a violarla— sino que buscaban reconciliar a la ley con el bien."[4] Y bien, ésta es exactamente la misma experiencia que, a continuación, ha animado a los socialistas en su obra de rescate de la clase obrera o la creencia que ha ani-

---

[4] Max Horkheimer, obra citada, pág. 45.

mado a los pueblos del tercer mundo en la búsqueda de su independencia. El socialismo y el marxismo, los derechos invocados por los pueblos oprimidos, expresaban una crítica de condiciones que imponía una transformación: esta necesidad era expresada por el pensamiento filosófico y se traducía en acciones históricas. *Todo gran movimiento reproduce esta experiencia de procurar un bien racional y de conciliar la ley con el bien*. Toda la historia, desde este punto de vista, se nos muestra como un continuo proceso en el que, por un lado, se halla la conservación de objetos individuales y colectivos dotados de valor y su defensa de amenazas internas y externas. Pero, por otro lado, se presentan momentos o períodos en los que las fuerzas que mantienen unida a la sociedad decrecen y por lo tanto prevalecen el utilitarismo y el pragmatismo, en lo que todo se vuelve "cuestión de gustos", arbitrario. Encontramos finalmente períodos en los que el valor reaparece como *novum*. El hecho de que en el mundo contemporáneo desaparezcan los dioses y lo sagrado no incide en lo más mínimo sobre este tipo de proceso.

El mundo contemporáneo se caracteriza por la vastedad y la frecuencia de la pérdida, a lo que corresponde la violencia de su reaparición. En el mundo moderno el ser como valor no es solamente un residuo o una nostalgia: es además continuamente reencontrado. Pero se lo reencuentra a través de una ruptura, como consecuencia de una catástrofe.


## 2. Las civilizaciones culturales

Lo que caracteriza de modo esencial al mundo moderno occidental *es el no ser una civilización cultural* como lo fueron el cristianismo y el islam. Una civilización cultural es una potencia institucional emergida de un movimiento y que tiene la capacidad de modificar las condiciones estructurales de modo tal de establecerse permanentemente. El islam, como el cristianismo, han dado su impronta a la economía, al derecho, a las formas del poder político y, gracias a ello, han podido permanecer por siglos o milenios. La propiedad fundamental de estas potencias institucionales reside en su capacidad de dar el lenguaje propio a las crisis de pérdida y a los movimientos.

Las dos mayores civilizaciones culturales que nosotros conocemos, el cristianismo y el islam, son religiosas. En ambos, el momento extraordinario, carismático, excepcional, es decir, la hierofanía y la cratofanía, son eventos raros: el contacto directo con lo divino está reservado a los profetas, a los místicos y a los santos. Pero esta experiencia, que es el punto de partida obligado, no se agota en sí misma, se prolonga en mitos, creencias, ritos: constituye el andamiaje que da consistencia de ser a la vida cotidiana. Este prolongarse de lo extraordinario en la vida cotidiana, hacerse religión que la recorre y le proporciona estructura y en la cual, ceremonialmente, se reactiva el contacto con lo divino, es incomprensible sin la experiencia directa de lo divino, del orden trascendente que se destaca de lo contingente. Sin embargo, es esta permanencia la que custodia, prolonga, evoca, reactiva tal experiencia, le da un lenguaje. Entre el momento extraordinario y el puro fluir de la vida cotidiana se halla esta modalidad que pertenece, de cualquier modo, al uno y a la otra y cuyo carácter es la estabilidad y la permanencia. Esta forma intermedia entre el estado naciente del movimiento y el utilitarismo cotidiano y que constituye después la realidad visible de la religión es una *institución*. No es una simple manifestación de lo divino, es algo buscado, deseado, construido, organizado. Cuando hablamos de religión no nos referimos sólo a las experiencias inefables de los místicos y de los santos, a las revelaciones de los profetas, sino también y sobre todo a las creencias, a las estructuras organizativas de las sectas, de las iglesias, de las potencias político-religiosas. Es en el ámbito de estas *instituciones* donde se ha manifestado históricamente la experiencia religiosa. Es así que el islam y el cristianismo son instituciones, mejor dicho *potencias institucionales*, porque su capacidad de ordenamiento se extiende sobre estados, naciones, grupos étnicos, escuelas filosóficas y jurídicas. Esta potencia institucional es por otra parte producto de los diversos movimientos que han surgido alrededor de los temas esenciales del mensaje islámico o cristiano. Fue precisamente la existencia de una estructura institucional con sus teólogos, guerreros, misioneros, con sus inquisidores, con el control de los textos sacros, lo que dio un lenguaje islámico o cristiano a los movimientos. Mas si nosotros interrogamos a la institución sobre lo que tiene valor, encontramos que ella no nos habla de su estructura sino de la esperanza última que ella custodia y de la cual se hace garante. Si interrogamos al catolicismo no nos cuenta de la curia, de los cardenales o de los criterios de beatificación, nos habla de la realización del designio evangélico, del amor universal, del reino de los cielos.

Lo mismo ocurre si interrogamos a cualquier secta islámica. Todos nos hablan de la esperanza que se había manifestado en sus orígenes y que fue luego redescubierta y retomada en los sucesivos movimientos, perdida y reencontrada, perfeccionada, completada, nunca desmentida. La institución nos habla así de lo que apareció en su nacimiento y que ella ha custodiado, integrado, redescubierto, enriquecido y profundizado. Por ello el momento "excepcional" es fundamental; porque cualquier institución es el cofre de una promesa excepcional, que no puede revelarse a pleno en la cotidianeidad, mas que no obstante existe en ella, constituye su sustancia profunda. Sin esta promesa excepcional la institución no puede hablar de sí, se reduce a pura banalidad, al simple elogio de lo existente, sin criterios de juicio, sin valores: esto es, se desvanece.

Toda institución, por otra parte, dura sólo si es periódicamente revitalizada. En las grandes instituciones este proceso tiene lugar a través de movimientos colectivos, que desafían a la institución en nombre de sus valores profundos, acusándola de haber traicionado al mensaje originario y universal del que había surgido. Al crear una discontinuidad, ellos proponen, simultáneamente, una continuidad, una relectura y una realización más verdadera, más adecuada a los tiempos, más auténtica de lo que se había visto y entrevisto en los orígenes.[5] Cada vez el movimiento se constituye como nuevo origen y, al mismo tiempo, como plena actuación de lo que ya debería haber sido y no fue. La institución, lo que permanece, permanece sólo porque en su interior custodia la promesa originaria, pero solamente puede custodiarla si ella se renueva periódicamente. Es así como también en una civilización cultural el ser como valor se manifiesta en la pérdida y en el nacer. Pero ella provee un lenguaje, una interpretación de aquella pérdida o de aquel nacer que deja intactos, más aún, refuerza los elementos centrales de la creencia. Pensemos en el siglo XI en Europa. El desenvolvimiento de una nueva agricultura, de nuevas ciudades, de nuevas clases, produjo muchas situaciones de pérdida y muchos movimientos. Confluyeron las ansias del fin del mundo, el monaquismo de Cluny, revueltas populares, las cruzadas. Pero todos estos movimientos extraen su lenguaje, su sentido último del cristianismo. En el medievo cristiano la pérdida y el redescubrimiento de lo esencial conducen siempre a la esencialidad del sacrificio de la cruz; la respuesta última es el Imitatio Christi. Todos los movimientos cristianos, además, en su tentativa de instaurar un mundo no alienado, de libertad, de autenticidad, de hermandad y de alegría, descubren siempre la comuni-

[5] El tema ha sido tratado por mí en un ensayo, *Movimenti e civilizazioni culturali*, editado en forma de fascículo por el CUESP, Milán, vía Conservatorio 7.

dad evangélica en la que estaba presente Cristo.

Lo mismo ocurre en el islam. Todos los movimientos que se sucedieron en el curso de mil quinientos años han mantenido constantemente como referencia a la vida de la comunidad de Medina en torno del profeta. Lo esencial ya está prefigurado, predispuesto: todos reencuentran la misma cosa, se reconocen en ella aun si la forma de realizarla en el mundo será luego distinta y aun conflictiva. En una civilización cultural todos los movimientos que anuncian algo nuevo reencuentran la misma promesa fundamental de la institución. Los franciscanos o los valdenses deseaban instaurar el verdadero cristianismo y criticaban a la iglesia, a la burguesía y a los nobles porque se habían alejado de aquél. Hay entonces choque y ruptura pero también, en el fondo, comprensión. En consecuencia esa ruptura es mucho menos llamativa. El franciscano que abandonaba el mundo se contraponía a la iglesia mundana, a la rica burguesía absorbida por el comercio y el lucro, a la nobleza guerrera ávida y cruel. Sin embargo, el clero comprendía y admitía la legitimidad de la búsqueda franciscana, era seducido por ella. El burgués podía pensar en hacerse franciscano él mismo, el noble llamaba al pobre a rogar por su alma, lo ayudaba a construirse una capilla. En las civilizaciones culturales existe un doble proceso que produce una circulación entre lo ordinario y lo extraordinario. El ser como valor se manifiesta siempre frente a la pérdida o como *novum*, pero surgen después instituciones que conservan vivo el sentido de lo esencial, lo que se reveló en la pérdida o lo que de ella se vislumbró. La revelación que llevó a los hombres a alejarse del mundo para integrar el monasterio no se apaga en una actividad que no tiene ninguna relación con su experiencia extraordinaria. En el monasterio ellos ruegan, cantan, trabajan y, de esa manera, prolongan su experiencia extraordinaria. El monasterio conserva en su interior, como institución, muchas de las propiedades del estado naciente: la hermandad, la confesión, la transparencia, la alegría, el sentimiento solidario y la celebración. La misa o el ruego colectivo son momentos que hacen re-nacer, reencontrar a la experiencia del estado naciente, son sus auténticos custodios. Por cierto, tras algún tiempo el orden se esclerotiza, la institución deja de ser la custodia de la esperanza originaria. Entonces surge otro movimiento que produce otro orden o el mismo de antes reformado, capaz de satisfacer a otras clases, de dar respuesta a otros problemas. En su nacimiento se contrapone al primero —pensemos en Citeaux respecto de Cluny—, pero su significado y su promesa última son los mismos. Por otra parte, también la burocracia eclesial como la sociedad secular —los nobles y la burguesía— son permeables a la experiencia de lo extraordinario. Aun cuando se oponen a los movimientos, cuando los persiguen a través de las cruzadas o la inquisición, obtienen su fuerza de los carismas o de los contactos con lo divino, de la "santidad". Es como si el movimiento pudiese florecer porque logra encauzarse en una dirección segura y —además— es como si la institución fuese de aquél la custodia, la heredera, la depositaria.

Es así como en este tipo de sociedad la ruptura existe siempre pero es menos drástica, menos grave y, en conjunto, la sociedad produce, dentro de sí, una vida "extraordinaria" en el sentido de que la gente experimenta el estar en contacto con lo esencial, el hacer las cosas que cuentan, porque tienen valor. Entre el interior y el exterior hay una circulación continua. Si observamos lo que ocurre en el mundo islámico o en el hebreo encontramos fenómenos idénticos: la pérdida produce un repensamiento radical, que no hace sino reencontrar la misma esperanza. Pensemos en la catástrofe islámica tras la caída de Baghdad y de Sevilla. Surgen innumerables movimientos tanto escrituralistas cuanto entusiastas. Estos últimos serán luego genéricamente reunidos con el nombre de sufismo. Mas, no obstante las diferencias, existe entre ellos un parentesco estrecho.[6] Las diversas *turuq* y las diversas confraternidades luchan entre sí, pero con su presencia animan a la vida cotidiana y la santifican. En el mundo hebreo la expulsión de España produce el florecimiento religioso de Safe, la kabbalah de Luria. Pero es también ella sólo una revisión —en la cual se explica la catástrofe— en el interior de un universo simbólico religioso antiguo. Por último, tras el fracaso de Sabbatai Zevi los jasidim tampoco representan una discontinuidad absoluta. Su espiritualidad está próxima a los grandes maestros cabalísticos y es compatible con la rabínica.

El ser como valor se manifiesta siempre —como ya dijimos— en forma de pérdida o de *novum*, pero dentro de una civilización cultural cada pérdida y cada *novum* encuentran el mismo núcleo central. Por otra parte toda institución conserva la esperanza, custodia la experiencia, la torna accesible, hallable. En este universo no es necesario contraponer movimiento e institución: ellos se dan como momentos de un mismo proceso. Tampoco es necesario contraponer estado naciente y vida cotidiana. En lo cotidiano, en la institución, están depositados y viven los lenguajes, los símbolos, los ritos del estado naciente.

Es sólo hoy que esta diferencia nos parece abismal. Solamente en una época como ésta fue posible que Bergson contrapusiera dos formas de moral y de religión, y que yo contraponga no sólo el estado naciente y la institución, sino ambos y la pura cotidianeidad que no es ni lo uno ni lo otro. Precisamente porque la mayor parte de nuestra vida se desenvuelve permanentemente fuera de todo arraigo de valores, esto se manifiesta de modo dramático, por ruptura, por catástrofe. De tal manera, no es negando lo verdadero —este manifestarse a través de catástrofes— como se comprenden las cosas y como se las

[6] Véase en particular la comparación entre el islam en Marruecos y en Indonesia, en Clifford Geertz: *Islam*, Morcelliana, Brescia, 1973.

afronta. Mas admitiendo lo que es y buscando su porqué es que se ha determinado este estado de cosas.

## 3. La transformación sin meta

¿Por qué entonces, debemos preguntarnos, nosotros vivimos una crisis de valores o —lo que es lo mismo— por qué lo esencial se nos presenta sólo como pérdida o como algo extraordinario?

Pienso que la respuesta debe buscarse en el hecho de que, en épocas modernas, se ha puesto en movimiento un proceso que por su naturaleza nos aleja del ser como valor. El ser como valor se nos revela como evidencia de los fines últimos, respecto de los cuales deben jerarquizarse todos los medios. El proceso de que hablo es exactamente opuesto: éste parte de los medios disponibles e individualiza a los fines alcanzables, esto es, produce los fines en base a los medios a disposición. El proceso es tan profundo que nuestro propio concepto de racionalidad se basa en él: nosotros consideramos racionales a aquellos fines para los cuales tenemos medios adecuados. Todo esto se inició con el desarrollo *científico-técnico-económico*. Son tres elementos que operan conjuntamente y que no pueden ser disociados. La transformación que ellos generan se presenta de igual manera y es de tipo *no solidario*, divergente, sin meta.

Comencemos por el descubrimiento científico. No importa si éste tiene lugar en un laboratorio de la IBM, en un instituto científico soviético o en la casa de un solitario inventor. El descubrimiento encierra siempre pocos hombres, por lo general especialistas, y su valor pueden certificarlo sólo otros pocos hombres, también ellos especialistas. Sin esta autonomía y sin esta total independencia del juicio del no experto, del profano o del político, la ciencia moderna no existiría. Por cierto la sociedad, el poder económico y político influyen sobre el tipo de intereses científicos, financian

113

ciertos proyectos y no otros, pero más que eso no pueden hacer. El descubrimiento lo deciden los científicos. A partir de allí el descubrimiento inicia una vida autónoma porque, para todos los demás, constituye un *recurso*. Es decir, consiste en un medio para hacer otras cosas o, mejor, para traer a la mente otras cosas. El proceso comienza al nivel de los mismos científicos. Una vez realizado, el descubrimiento atrae el interés de otros científicos, hace nacer en ellos nuevas preguntas; ellos orientan sus propias investigaciones de modo distinto. Vemos ya aquí en operación a aquella producción de los fines a través de los medios de que había hablado al principio. Mas los descubrimientos son también matriz de tecnología; es el descubrimiento de Lavoisier lo que permite el desarrollo de la química de los compuestos. Y el proceso prosigue circularmente: son medios técnicos como el microscopio electrónico los que permiten los descubrimientos de la genética contemporánea.

También el medio técnico se presenta ante todos como un recurso. Modificado, se lo puede consagrar a fines diversos. Generalizando, el hecho de que se pueda hacer una cosa trae a la mente la idea de hacer otras cosas: el medio disponible produce nuevos fines. No existe ninguna relación entre los fines que se propone un científico y las aplicaciones de su descubrimiento: entre el fin que se propone el creador de una técnica y las consecuencias de su invención no hay ninguna relación.[7] Cada vez que surge un recurso científico o técnico se hacen posibles otras cosas, las que serán deseadas y queridas por los más dispares motivos. La condición del nacimiento de estos nuevos fines es solamente que exista un nuevo medio, una nueva

[7] Esto ya había sido notado por Max Weber cuando observaba que "la racionalización procede de modo que la mayor parte de quienes son guiados se apropia o se adecua simplemente a los resultados externos, es decir, técnicos, y que sirven prácticamente a sus intereses... en tanto el contenido de 'ideas' de sus creadores es para ellos irrelevante". *Economia e Società*, Edizioni di Comunità, Milán, 1963, vol. II, pág. 437.

potencialidad, un nuevo recurso. Todo lo que media entre una innovación y otra innovación puede ser determinado por lucro, por diversión, por capricho, por curiosidad, por ambición, por venganza, por el motivo que se quiera. Se produce así una segunda generación de recursos que a su vez produce una tercera y una cuarta. Este tipo de producción genera a su vez un tipo de racionalidad y de ética: *dado un tipo de recurso todos deben utilizarlo, encontrarle un fin*. El proceso está en este producir recursos para resolver problemas y en el hacer nacer, de estos recursos, nuevos problemas junto con sus respectivas soluciones. Cada vez que aparece un nuevo recurso científico o técnico, éste —que ha nacido como medio para algo— produce un reordenamiento de los medios existentes (porque respecto de los otros medios se jerarquiza como superior) y produce simultáneamente nuevos fines que no podían ser imaginados ni deseados. Este tipo de proceso se extiende por doquier, hasta los productos terminados, los bienes de consumo, los servicios. Desde hace años existe una interminable polémica acerca de las necesidades esenciales y las no esenciales, acerca de las necesidades naturales y las inducidas por la sociedad de consumo. En realidad todo es inducido. Todas las necesidades son provocadas por la existencia de los bienes de consumo. La presencia de los bienes de consumo, de cualquier bien de consumo, hace imaginar un tipo de existencia preferible. Cada nuevo objeto de consumo, constituye una tentación en cuanto se propone como alternativa a un modo constituido de vida y es siempre una alternativa preferible. Los motivos pueden ser totalmente dispares: la emulación del vecino, el deseo de tiempo libre, el amor por alguien. La lavadora automática, con su simple existir, promete ahorro de fatigas y hace soñar otras cosas al ama de casa cansada de su trabajo; el automóvil es ciertamente más cómodo que andar a pie y además promete otras experiencias que uno imagina por sí mismo o aprende observando a los demás o a través de la publicidad. En cada caso no existiría la necesidad si no existiese el objeto de consumo. Es el medio que hace nacer al fin.

El proceso científico-técnico-económico que se desarrolla desde hace ya siglos y en escala siempre más vasta opera logrando que se produzcan fines a partir de todas las cosas disponibles. No hay fin que no haya sido definido por los medios idóneos para realizarlo. Todos los laboratorios científicos y tecnológicos del mundo, todas las empresas, todos los negocios del mundo, todos los servicios del mundo, en su conjunto, constituyen un inmenso supermercado donde se archivan las correspondencias medio-fin. Basta mirar el medio, el archivo, el servicio, para conocer el fin, para traer a la mente un posible fin y comprar uno y otro al mismo tiempo. *No puede existir entonces un fin último porque todos los fines se crean a partir de los medios a disposición*. En este sentido puede decirse que el desarrollo científico-técnico-económico destruye los valores, todos los valores. *Este es el proceso fundamental de secularización* que torna imposible toda certeza acerca del plano de los valores. El proceso entero —tomado por sí solo— produce exclusivamente resultados causales, divergentes, sin ninguna relación uno con otro. Cuando Marx describía la anarquía capitalista, este proceso recién se había iniciado y se traducía fundamentalmente en una erradicación de los campos y de las corporaciones para formar el proletariado industrial. A continuación desbarató todas las sociedades arcaicas, tradicionales, despedazó todo vínculo de solidaridad. Mas su fuerza no estuvo en la violencia de la necesidad, sino en la seducción. El debilitamiento de los indígenas de América del Norte se inició en el momento en que comenzaron a desear los productos, los objetos, las armas de los blancos.[8] El empobrecimiento de las regiones rurales europeas

[8] Véase sobre el tema Vittorio Lanternari: *Movimenti religiosi di libertà e di salvezza dei popoli oppressi*, Feltrinelli, Milán, 1962.

que desembocó en la inmigración urbana tuvo su inicio cuando los campesinos comenzaron a desear los objetos producidos en la ciudad y a sustituir con éstos a la producción agrícola.[9] Desde entonces la dependencia de la técnica ha aumentado enormemente. Todos nosotros vivimos y nos mantenemos vivos gracias al funcionamiento de laboratorios, organizaciones, sistemas de distribución y servicios sanitarios de los que no conocemos nada y que se han hecho deseables solamente porque nos han sido ofrecidos o porque nos dimos cuenta de que era posible tenerlos. Desde este punto de vista el hecho de que los bienes sean privados e individuales o colectivos es indiferente. Nuestra dependencia del sistema sanitario es igualmente elevada si éste es público como si es privado. Sin los antibióticos, sin las vacunas, sin el aprovisionamiento hídrico nosotros moriríamos en masa. Y ninguno de nosotros sabe intervenir en modo alguno en el proceso con el cual se nos provee de estas cosas ya indispensables. Nos son desconocidos también los objetos más familiares, como el automóvil, la radio o el refrigerador. Por ello todos nosotros debemos trabajar en las organizaciones que los producen y que nos los ofrecen, en las organizaciones que los inventan y nos los proponen. Todos contribuimos a generar esos *paquetes de medios-fines* que luego, a su vez, tomamos como nuestros. Participando en una organización contribuimos a la producción de fines divergentes y disociados. Las consecuencias últimas de nuestras acciones nos rehúyen totalmente. El trabajo es para nosotros un medio para lucrar, para satisfacer nuestra ambición, para cualquier otro motivo. Mas el producto de nuestro trabajo produce otras cosas, otros efectos. Podemos trabajar en un banco, mas este banco financia una

[9] "La clase trabajadora no había sido alejada de la tierra por medio de un movimiento de acorralamiento, sino más bien por las ilusiones de salarios más altos y de la vida urbana". Karl Polanyi: *La grande trasformazione*, Einaudi, Turín, 1974, pág. 223.

acería, el producto de la acería forma parte de ciertas armas, éstas pueden —a través de una innumerable cadena de procesos que ignoramos— desencadenar una guerra que nos matará y matará a aquellos para quienes trabajamos. En este tipo de sociedad el ser como valor no puede presentarse sino de modo discontinuo.

A nivel individual, solamente cuando me es sustraído algo que se me revela como absolutamente dotado de valor es que yo considero como puros medios a todos los recursos de que dispongo. Sólo en este momento yo distingo entre lo que sirve realmente y lo que no sirve para nada y a lo cual puedo renunciar. En una sociedad de consumo sólo en caso de catástrofe puede saberse qué es lo realmente indispensable. *En una situación no catastrófica todas las necesidades son incontenibles.* Los partidos de derecha o de izquierda, las organizaciones de trabajadores o las patronales, la empresa pública o la privada, los servicios gubernamentales o los individuales divergen en relación al peso que se debe dar a una o a otra demanda. Los sindicatos desean un rédito más elevado, mejores condiciones de trabajo, una cantidad de trabajo inferior y una mayor equidad en la distribución de los beneficios. Los dadores de trabajo públicos o privados desean dar salarios inferiores, un aumento de la productividad, una distribución de las utilidades a su favor. Mas por todo lo demás están completa y totalmente de acuerdo. Ninguno de ellos quiere recesión, ninguno de ellos quiere una disminución de la demanda interna o externa, ninguno de ellos quiere renunciar a algo que tiene y que considera irrenunciable. Todos desean mejorar el nivel de vida y esto significa utilización de los recursos técnicos, mejores bienes, mejores servicios comparados con el estándar existente. *Lo existente es considerado siempre el mínimo indispensable.* Los fines, en efecto, se producen a partir de lo existente. Lo que se desea es siempre algo nuevo.

En esta situación, sólo la recesión, la crisis, la catástrofe producen una nueva discusión acerca de los fines. El valor se presenta como irrupción de lo discontinuo —o sea catástrofe— porque primero, en realidad, no podía ser pensado. Si en cualquier país de occidente faltase el petróleo durante seis meses, ¿qué pasaría? Se pararían todas las fábricas, cesaría de funcionar la calefacción, el aprovisionamiento alimentario de la ciudad, la luz eléctrica, los hospitales. Tendríamos no sólo millones de desocupados, sino también el peligro instantáneo de muerte por hambre, por frío, por falta de cuidados. En este momento los objetos dotados de valor individual emergerían con una violencia inimaginable, increíble. La gente asaltaría negocios de alimentos y farmacias, quemaría para calentarse muebles, adornos, libros. Pero entonces se darían cuenta, sólo entonces, de cuán esencial es la sociedad, la solidaridad de la nación. La gente invocaría a un gobierno capaz de asegurar la vida y la supervivencia. Más allá de ir a tomar el petróleo, los pacifistas estarían dispuestos a hacer la guerra. Muchos implorarían morir combatiendo. En el plano político se buscarían aliados seguros, sea en la URSS como en los EEUU, y a cualquier precio. En esta situación quien prometiese la solución de los problemas y la esperanza sería considerado un salvador. Sería una época de carismas. En un país como Italia, la antigua civilización católica reemergería con fuerza no sólo porque la religión constituye una esperanza, sino porque tiene, en su tradición, un lenguaje para la catástrofe y para el renunciamiento. Los marxistas por otra parte se regocijarían, pues verían el inicio de la crisis definitiva del capitalismo y señalarían el camino de la salvación en una planificación estatal y mundial que ponga fin a los egoísmos, los consumos inútiles y las guerras. Imaginemos —decía— que el petróleo falta durante seis meses y falta de verdad. ¿Qué quedaría de la racionalidad actual? Se crearía un temible vacío en el que se enfrentaría el ser como valor a la potencia de lo negativo. Y la esperanza, lo nuevo, no aparecería ya como algo mejor, como un mejoramiento, sino como *novum* total, movimiento colectivo que se confía a Dios, o a la revolución, o a la guerra. Esta violencia deriva precisamente del hecho que el proceso transformador precedente había ocultado, disimulado, hecho perder los contactos con lo esencial. El nuevo modo de pensar emerge entonces por ruptura, en antítesis y sin conexión alguna con la modalidad de pensar anterior.

Una epidemia, una carestía, una invasión no habrían provocado en el pasado una crisis similar. La estructura social era más dúctil, más adaptable, no se desplomaba tan rápidamente. La manera de pensar disponía de puentes entre lo cotidiano y lo extraordinario. Las instituciones eran custodias de la solidaridad ordinaria y extraordinaria, guías de acciones orientadas tanto a los fines cotidianos cuanto a los fines últimos. No había nunca excesiva separación entre las fuerzas que mantienen unida a la sociedad y la vida cotidiana.

Insisto especialmente en el hecho de que no es sólo la real interdependencia técnica lo que torna tan vulnerables a nuestras sociedades. Esta increíble vulnerabilidad deriva de la falta de un *ordenador cultural* que explique y oriente tanto lo cotidiano como lo extraordinario, tanto lo habitual como lo excepcional. Hemos dicho que una civilización cultural es una potencia institucional nacida de un movimiento, pero capaz de dar su lenguaje a los movimientos. Es otra manera de decir que ella ordena tanto lo cotidiano como lo catastrófico, lo ordinario como lo extraordinario. *El occidente capitalista no es una civilización cultural.* Por lo tanto, en él lo ordinario y lo extraordinario están opuestos, el ser como valor se manifiesta en la catástrofe.

Pero en el mundo moderno ya ha nacido una civilización cultural nueva: el marxismo. Continuemos nuestro ejemplo precedente de la escasez petrolífera. Pensemos qué ocurriría en Italia o en los EEUU o en Francia, y lo que ocurriría en cualquier país marxista como la URSS o China o Cuba. En estos países la reacción sería enormemente inferior. Estas sociedades están en condiciones de resistir a una escasez sin modificaciones sustanciales de su estructura política y cultural. Aun un país como la República Democrática Alemana, que, del punto de vista técnico-económico, se halla en un nivel análogo al de los países occidentales más desarrollados, sería capaz de comprimir drásticamente el consumo, racionar y adjudicar según prioridades preestablecidas el carburante que escasea, etcétera. En efecto, en un sistema marxista las prioridades están ya preestablecidas; el consumo, desde el principio, puede aumentarse o disminuirse según el juicio —inapelable— del supremo poder político.

### 4. Para dominar el proceso

La historia de los últimos siglos, primero en Europa y después en todo el mundo, es la historia de una incesante transformación científico-técnico-económica que, por la manera en que ocurre, puede considerarse una variable independiente. En base a esta evidencia Marx ha colocado al desarrollo de las fuerzas productivas como un proceso autónomo que para su realización necesita de las clases pero que, al mismo tiempo, las torna obsoletas, como torna obsoletas a sus instituciones de gobierno. Tal idea no habría podido surgir en el medievo o en la época grecorromana. Marx vivía en una época en que este proceso se estaba manifestando en toda su grandiosidad. La meta de su filosofía y de su política fue reconciliar a este proceso con las cosas esenciales del hombre tal como aparecen en el estado naciente y tal como han sido transmitidas por la civilización cultural y encontradas por todo nuevo movimiento. La experiencia de un siglo y medio del *Mani-*

121

*fiesto* de los comunistas nos permite confirmar su observación originaria en lo que respecta a la naturaleza del desarrollo científico-técnico-económico y a la anarquía capitalista. Mas nos ha permitido llegar también a otra conclusión: y ésta es que, como consecuencia del proceder de este tipo no solidario de transformación, se han producido continuamente *reacciones* tendentes a reconstituir una solidaridad, un orden, un principio de jerarquía capaz de corregirlo. Los protagonistas de esta tentativa de reconstituir una solidaridad y un orden han sido los *movimientos*. No importa aquí si los movimientos fueron religiosos o ateos, nacionales o internacionales, progresistas o conservadores, fascistas o comunistas. Cualquier movimiento, desde el más elemental y extraño como el milenarismo de Davide Lazzaretti hasta el bolchevique, *todos tienen en común el hecho de ser una tentativa de reconstituir una solidaridad* sobre bases no utilitaristas. La mayor parte de estos movimientos ha tenido un significado histórico limitado, otros han tenido un peso determinante.

A los fines de la conservación de este tipo de desarrollo sin que el proceso produjese una autodisolución de la socialidad, los movimientos más importantes han sido los que produjeron el *Estado-Nación* moderno. La guerra de liberación americana, los movimientos y procesos que llevaron a la unificación nacional italiana, irlandesa, polaca, griega, y luego poco a poco la de los países del tercer mundo, constituyen un todo homogéneo, en el que se puede colocar a la misma revolución francesa. Ellos se han opuesto a la transformación no solidaria y divergente constituyendo áreas nacionales de solidaridad e instituciones capaces de jerarquizar a los fines colectivos. El *Estado-Nación* no es el producto de los intereses de la burguesía sino la precondición para la existencia de una socialidad dotada de sentido en un sistema embestido por la transformación no solidaria. El *proceso de nacionalización* ha permitido el desarrollo del mercado, pero sólo porque ha evitado que éste disolviese la base social en la que aquél creía. Aun en los países donde la burguesía estaba ausente o casi, como los países del tercer mundo, el campo de solidaridad y de organización, ya completado, asumió en todas partes la forma de *Estado-Nación*. Y a menudo, donde no había burguesía, este campo de solidaridad nacional fue constituido por las élites marxistas. Es imposible explicar la formación de los estados nacionales en base a los intereses de una clase cualquiera. La nacionalización ha sido un proceso colectivo capaz de crear una solidaridad más allá de los intereses. La nación ha asumido entonces muchos de los caracteres del ser como valor (patria, madre patria, sagrado suelo de la patria, sagrarios, martirios, etcétera). Sin embargo, en el centro del sistema de transformación científico-técnico-económica, es decir, en Europa, las fuerzas disgregadoras eran tantas que el campo de solidaridad nacional se reveló insuficiente. El "nacionalismo" del fin del siglo XIX y principios del siglo XX ya no es un proceso que tiende a encontrar un nuevo equilibrio al nivel de la solidaridad nacional, sino el signo de un desequilibrio. Tras la impetuosa transformación del siglo XIX, con la ampliación y la integración de los mercados y los intereses, la disgregación de los sistemas de valor-solidaridad desborda los confines nacionales. A principios del siglo XX el proceso de transformación técnico-económica invadió todo el planeta. Se crearon las condiciones para una tentativa de reconstituir una civilización cultural más amplia, planetaria. La sociedad de la *belle époque* ya tenía dentro de sí los "demonios" cuyo sentido último era la construcción de un campo de solidaridad más amplio y más fuerte. Así surgió el choque. Los intervencionistas despreciaban a los valores burgueses y a las comodidades exactamente como los socialistas, pero mientras éstos buscaban la solidaridad a nivel internacional de clase, los primeros la buscaban expandiendo los confines nacionales. Subjetivamente

123

ellos eran atraídos por la guerra como momento de la verdad, emergencia de los valores; la guerra en cuanto productora de solidaridad, de un único fin al que todo se subordina. Lo que tiene valor para el revolucionario es la revolución misma, para el intervencionista la guerra misma. El intervencionista y el revolucionario aparecen a principios de siglo como los nuevos profetas, los que han reestablecido el contacto con lo absoluto. El sistema social "ya no está unido", y entonces debe ser reinventado desde el principio. El choque de los movimientos (nacionalistas, revolucionarios, fascistas, nazis, etcétera) de la primera mitad del siglo es un choque entre monoteísmos enloquecidos. Un choque de "demonios", porque, en un mundo que se transforma según el proceso no solidario, ya no hay un saber cotidiano e institucional de lo absoluto. El gran ordenador de la civilización cristiana se había fragmentado con la reforma, los nuevos núcleos de ordenamiento representados por los estados nacionales estaban en crisis. El marxismo soviético, el fascismo italiano, el nazismo, en Asia la restauración agresiva del shinto japonés, todos aspirantes a restablecer un orden universal, *son otras tantas tentativas de constituir el inicio de una nueva civilización cultural*. El fascismo abandona el patronato cristiano y afirma que ha comenzado una nueva era, la era fascista; el nazismo habla de un Reich milenario. Son proyectos de civilización comparables sólo al cristianismo, al islam. Mas de estas tentativas —y de muchas otras que aparecen en los países del tercer mundo— una sola logra afirmarse: la marxista. Con el éxito de la revolución de octubre, el leninismo y el stalinismo constituyen efectivamente el comienzo de otra civilización cultural que se yuxtapone al cristianismo, al islam, al budismo, e inicia su expansión. Por ello la primera mitad del siglo XX es una época de guerras de religión, de religiones nuevas entre las cuales sólo una se afirma, aliándose —hecho increíble y paradójico— con la única potencia

124

que hereda la estructura del Ochocientos europeo, los Estados Unidos. Los Estados Unidos son la primera nación a nivel continental, gozan de una solidaridad nacional fortísima y, al mismo tiempo, de un impetuoso tipo de desarrollo capitalista. En los EEUU los dos elementos dialécticos (solidario y no solidario) se compensan, surgen continuos desequilibrios y continuos movimientos pero éstos, a menudo pasando a través de las fórmulas religiosas, se nacionalizan. La coalición formada por la URSS (o sea el núcleo del nuevo ordenador cultural) y por la última gran nación occidental asegura la derrota del fascismo y del nazismo.

En los años del stalinismo la nueva civilización cultural —el marxismo— logra realizar dicha transformación estructural —subordinación de toda la economía, de toda la cultura, de todos los movimientos a un único centro de voluntad política— que torna irreversible su dominio. A partir de aquel momento el marxismo adquiere la segunda característica fundamental de las civilizaciones culturales: logra dar su propio lenguaje a los movimientos. También los movimientos de liberación nacional terminan casi siempre volviéndose marxistas; como en China, en Cuba, en Vietnam, en Camboya. La nueva civilización cultural tiene éxito también en el exportar su propio "proyecto de gestión", es decir, el modo de organizar la sociedad.


## 5. Para detenerlo

Volvamos ahora a la pregunta de la que habíamos partido. ¿Por qué he debido explicar la vida cotidiana citando al ser como valor, en el momento de la pérdida o del *novum*, de manera cataclismática? La respuesta es que en el mundo moderno se ha iniciado una transformación científico-técnico-económica de tipo no solidario, divergente, en la que los fines se evocan a partir de los me-

dios a disposición. Esto produce, inevitable e incesantemente, un desorden y una pérdida de solidaridad que, pasado cierto límite, pone en movimiento un proceso de re-
jerarquización de los medios y de los fines. También en el
pasado el proceso dialéctico era análogo, pero ocurría en
escala incomparablemente inferior. Aquél podía entonces
ser insertado en una civilización cultural, vale decir, en un
complejo institucional capaz de dar un lenguaje a lo
extraordinario (pérdida o nuevo), y por lo tanto capaz de
reconducirlo a la unidad y a una tradición. Así han opera-
do el confucionismo, el hinduismo, el judaísmo y las dos
grandes civilizaciones culturales del occidente, el cris-
tianismo-catolicismo y el islam. Con el derrumbamiento
del ordenador cultural católico en Europa tuvo inicio un
intensísimo proceso transformador en el que hasta fines
del siglo XIX fue posible un equilibrio entre transformación no solidaria y transformación solidaria, gracias a los
"residuos" religiosos pero, sobre todo, gracias a los movimientos nacionales y a la formación del *Estado-Nación*.
Sin embargo, también este punto de equilibrio se ha roto,
se han desatado fuerzas colectivas que aspiraban a reconstituir una civilización cultural. Todas fallaron menos
una que, en cambio, ha logrado su objetivo. El marxismo, en el siglo XX, ha reconstituido sobre una amplia
parte del planeta un ordenador cultural comparable, en
su naturaleza profunda, al cristianismo o al islam. En el
seno de la civilización cultural marxista el proceso de desarrollo no solidario propio de la ciencia-tecnología-
economía ha sido subordinado a una voluntad política
omnipotente. Todos los recursos científico-técnico-
económicos han sido concentrados en las manos de una
élite que gobierna al partido, que a su vez gobierna al estado y a la sociedad. Gracias al monopolio de toda la pro-
dución cultural, de los medios de comunicación de masas,
la élite carismática del poder indica los fines y los valores.
Todo disenso es despedazado en su nacimiento por cual-

quier medio, económico, cultural, hasta la represión física de las masas. La tecnología y la ciencia ya no son libres de marchar hacia donde les parezca. Ni siquiera están —como hubiera deseado Marx— a disposición de todos. Están en manos de una élite. La única referencia histórica posible es la de las antiguas civilizaciones egipcia o china y, en Europa, la del medievo cristiano. Pero dado que hoy la potencia de la transformación no solidaria es enormemente mayor, diríamos desmesurada, también el control sobre ella y sobre sus consecuencias ha debido ser desmesurado. La civilización marxista ha logrado reconstituir instituciones que están en condiciones de prometer lo extraordinario dentro de lo cotidiano. Observando las cosas desde adentro, allí donde ella se ha consolidado bien tras sesenta años de terror como en la URSS o donde se ha afirmado en una tradición de estabilidad como en China, nos damos cuenta de que la inquietud que caracteriza al mundo occidental falta casi completamente. Por cierto que allí falta la libertad, aquella increíble libertad y aquella increíble producción cultural, aquel continuo entrechocarse de modelos, ideas, concepciones, movimientos propios de occidente. Aquello que llamamos cultura contemporánea es cultura occidental, producida muy a menudo por marxistas que viven en occidente, que participan de los movimientos surgidos en occidente. Incluso ese poco de producción cultural que viene de la URSS o de China deriva del continuo bombardeo seductor que proviene del occidente. Es un flujo de informaciones, de estímulos que se insinúan no obstante la cortina de hierro, no obstante la censura, el monopolio de los medios de comunicación, no obstante la expulsión o el encarcelamiento de los disidentes.

Estas sociedades actúan como un fermento dentro de una forma que no puede ser modificada. En occidente, en cambio, el proceso de transformación no solidario no ha encontrado una disciplina de este género. He aquí por qué en occidente el ser como valor se manifiesta de manera traumática, como una ruptura. ¿Queremos un ejemplo? Pensemos en el movimiento hippie en los EEUU de los años '60. De improviso, en el interior de la sociedad tecnológicamente más avanzada de occidente, millones de jóvenes cumplen una renuncia radical a todo lo que sea científico, tecnológico y utilitario, más aun, abandonan todo lo que sea moderno. El movimiento hippie, en el proceso dialéctico transformación solidaria-transformación no solidaria, elige la alternativa radical de interrumpir el desarrollo de las fuerzas productivas. Cosa de niños, se observa. Mas es precisamente así: el momento solidario se presentó por oposición total, cataclismática, al momento científico-técnico-económico. El ejemplo hippie es importante justamente por ser radical. El hippie retorna a formas productivas o artesanales tradicionales. No introduce innovaciones técnicas, no compite en el mercado, no necesita de los bienes de la sociedad de consumo. El, en realidad, escapa del sistema productivo moderno para realizar una vida donde lo que tiene valor son sus experiencias, no dichas o no decibles. El erotismo y la droga son instrumentos para realizar estas experiencias. La elaboración orientalizante del movimiento, el "peregrinaje al oriente" de los hippies sigue, no precede, a este descubrimiento de base.

El movimiento hippie fue prevalentemente juvenil y no ha incidido en el funcionamiento del sistema productivo, ni ha generado formas de vida consistentes capaces de durar. Muchísimos jóvenes fueron después atraídos por otros movimientos y no pocos han terminado por conducir una vida no fuera, sino al margen de la sociedad como drogadictos. Sin embargo, ha indicado una alternativa radical a los últimos siglos de desarrollo económico, el signo de una voluntad de interrumpir y detener totalmente el proceso. Si desde el punto de vista de la constitución de instituciones vitales o de la elaboración de una civilización cultural alternativa éste ha sido un total fracaso, su influencia cultural en cambio ha sido enorme. Sin la experiencia y el ejemplo de los movimientos juveniles inglés y americano, no sería explicable toda la orientación cultural que, en los años sucesivos, ha desarrollado una crítica a las instituciones en cuanto tales, sean ellas el estado, los partidos, las iglesias o las sectas religiosas. Influenciadas por estos movimientos han sido la antipsiquiatría de Laing y de Cooper, pero también muchas relecturas de Nietzsche como la de Deleuze y Guattari.[10] Más en particular, la experiencia hippie abrió el camino a un descubrimiento del hinduismo, del budismo y del taoísmo en lo cual se busca intencionalmente no un proyecto de transformación revolucionaria del mundo, sino una transformación interior que permite alcanzar la paz, la felicidad y la armonía.

Otro ejemplo lo constituyen los movimientos estudiantiles del año 1968. También en este caso en pocos meses, tal vez en pocos días, tuvo lugar la manifestación explosiva de una oposición total, radical al capitalismo, al estado, a la tradición política y cultural que podía considerarse consolidada. El huracán de fórmulas, eslogans, discursos de aquel período tenía como característica una desmesurada apertura hacia lo posible. Una arrolladora carga de vitalidad y de solidaridad, un querer hacer todo de nuevo. Tanto en el caso del movimiento hippie como en el estudiantil asistimos a la manifestación de una fuerza anticapitalista, antimercado, antiburocrática, al "esta-

---

[10] No me refiero tanto a una influencia culta, literaria, cuanto a la influencia del ser partícipes o aun protagonistas. Las convenciones de psiquiatría entre los años '60 y '70 eran lugares de encuentro-desencuentro de grupos en estado naciente y de verdaderos movimientos con manifestaciones, parcialidades, volantería, contestaciones. R. Laing pero, sobre todo, D. Cooper más que como estudiosos aparecían como líderes carismáticos. El *Antiedipo* de Deleuze y Guattari tuvo cierto peso en la elaboración ideológica de la primera fase del movimiento de los autónomos italianos de 1977. Guattari fue en Italia consciente de su papel.

do naciente'', o sea no reconducible aún a un ámbito ideológico. Volvamos a la comparación con el medievo. En el caso de un movimiento franciscano, o valdense, o anabaptista, el lenguaje cristiano estaba ya prefigurado y presente. Aquí no: el estado naciente estaba —por así decirlo— en la búsqueda de su lenguaje, de sus fórmulas, de su ideología. Aquél no estaba en contra de una cosa en particular, de una institución en particular, estaba en contra del ''sistema'', esto es el todo, el *novum* contra lo existente.

Concluyendo, podemos decir que las dos manifestaciones del ser como valor se nos presentan en el mundo moderno de modo extraordinario y cataclismático debido a la enorme dificultad que encuentran para convertirse en instituciones. En un proceso dominado por la transformación no solidaria, ellas no pueden sino irrumpir de manera traumática. Así con los movimientos, así con el temor a perder todo en caso de una crisis (energética, económica, ecológica). Alcanzamos entonces a comprender el porqué de la inquietud que he descrito en el primer capítulo y la sensación continua de vacío y de amenaza.


## 6. Reflexiones

Hay tres cosas que la cultura contemporánea es incapaz de comprender y de admitir. La primera es que la revuelta, la explosión de lo nuevo, el movimiento y, por último, la revolución tienen como significado último *parar el proceso científico-técnico-económico* para reconstituir una solidaridad y una certeza. Respecto del desarrollo no solidario todos los movimientos son conservadores y aun reaccionarios. Incluso el marxismo, como movimiento y como civilización cultural que da su lenguaje a los movimientos, es siempre tan sólo reacción. El momento de la explosión del movimiento, la fractura, la laceración de la

130

vida cotidiana racional y productiva es, en el fondo, la tentativa de constituir una nueva solidaridad sobre bases no utilitaristas, una solidaridad intensa, profunda, lograda por fusión. Mas la cultura contemporánea —si es que acepta esta proposición— se niega a admitir que este tipo de solidaridad no es de este mundo, no puede ser conservada intacta y se pierde inexorablemente en mayor o menor medida porque, si desea continuar actuando, debe convertirse en institución.

La última proposición que la cultura contemporánea no llega a entender y a admitir es que la transformación no solidaria y la solidaria, es decir, el desarrollo científico-técnico-económico y los movimientos, son al mismo tiempo opuestas y complementarias, dos partes de un único proceso dialéctico. La institución es lo que compone, en una cierta época histórica, el choque entre ambas.

Hay, por lo tanto, tres tipos de irracionalidad básicos: la irracionalidad de quien cree que el utilitarismo, lo económico, el mercado constituyen el fundamento de la vida social mientras ellos constituyen tan solo un elemento que, sin los demás procesos, produce solamente disolución. Está después la irracionalidad de los que combaten a las instituciones en nombre de la espontaneidad. Habiendo visto que el hombre es capaz de obrar con arrojo, solidariamente, ellos creen que, eliminando los obstáculos, esta potencialidad del hombre se manifiesta en pleno. En realidad, también el movimiento es solamente una componente que, por sí sola, no produce nada, tan sólo una emoción, una devastación. Tenemos por fin la tercera irracionalidad, y es la de los que creen que la institución se basta a sí misma, es capaz de autogenerarse, mientras que también ella es producto de los movimientos y de su encuentro-desencuentro con el mundo. Estos tres elementos unidos constituyen en su conjunto una sociedad viviente y capaz de sobrevivir; separados producen devastación y resultados opuestos a aquellos por los que la gente se mueve.

*Racional es aquello que mantiene la promesa*, irracional lo que promete y no mantiene lo prometido. He aquí por qué estamos frente a tres tipos de irracionalidad. Quien se confía solamente a la racionalidad científicotécnico-económica en modo alguno está en condiciones de mantener sus promesas pues precisamente el desarrollo no solidario desata, en cierto momento, al "demonio" del movimiento que se le contrapone. Todo el edificio de la economía y de la sociología utilitarista carecía de posibilidades de prever o de imaginar algo como el movimiento hippie. Cuando aparece, ellas pueden tan solo constatar que es "irracional". Pero irracional quiere decir "incomprensible".

Por otra parte, aquellos que sólo se confían al movimiento y a su esperanza tampoco están en condiciones de mantener su promesa. Lenin en *Estado y Revolución* prometía la inminente extinción del estado. En la práctica ha dado a los rusos el estado más centralizado y burocratizado de la historia. Los jóvenes del movimiento estudiantil barrían a los pequeños parlamentos e instituciones representativas para sustituirlos por asambleas, donde era posible la participación y la democracia. Pero en la realidad estas asambleas generaron tan sólo pequeños grupos cerrados, totalitarios. Muchos jóvenes que en Italia combatían contra el autoritarismo se mostraron inmediatamente autoritarios, muchos pacifistas se hicieron terroristas de las brigadas rojas, homicidas despiadados que ensangrentaron a Italia durante años.

Pero tampoco quien defiende la institución puede mantener su promesa porque la institución surge de un movimiento, se alimenta de él y está siempre a punto de olvidar la promesa si ésta no es renovada.

En el mundo contemporáneo el peso de estas tres componentes es bastante distinto. En la civilización cultural marxista la que domina es la institución. Aquello que se llama "el movimiento de los trabajadores" es en realidad una potencia institucional. En el mundo capitalista, en cambio, la cohesión de la institución es extremadamente débil, y es por esto que se generan continuamente movimientos. Cada movimiento que nace tiende a la producción de una institución; en general fracasa, pero el sentido de su aparición es éste.


## 7. Conclusiones y problemas

El examen de las diferencias entre las sociedades tradicionales y la moderna nos ha llevado a la conclusión de que esta última no es una civilización cultural. Entonces no es una potencia institucional capaz de dar su propio lenguaje a los movimientos y, por lo tanto, tampoco es capaz de producir fines últimos compartidos. ¿Cómo es posible entonces la sociedad moderna? ¿Cómo ha podido existir? Esta es la pregunta dominante del próximo capítulo. Si la transformación científico-técnico-económica disuelve todo fin último y toda solidaridad, entonces ellos sólo se reconstituyen en los momentos de la pérdida y del nacer. El occidente moderno está caracterizado por una particular elaboración racional de estas experiencias, sobre todo de las referentes a los movimientos.

# V. LA TRADICIÓN DE LO MODERNO

## 1. ¿Cómo puede sobrevivir occidente?

Si el desarrollo científico-técnico-económico es de tipo no solidario, divergente, y además no se ha constituido una civilización cultural, ¿cómo ha podido existir el mundo occidental? En realidad, se dirá, las ciencias sociales presuponen que la sociedad exista. A pesar de eso la pregunta tiene sentido, antes bien, es la pregunta más importante, y todo aquel que haya reflexionado de modo sincero ha debido hacérsela. Antes de proseguir, quisiera llamar la atención del lector sobre el hecho de que los marxistas ortodoxos se hacen esta pregunta, si bien de una manera algo particular. En efecto, ellos se preguntan: "¿Por qué no ha ocurrido la crisis del capitalismo?" Desde luego, la crisis del capitalismo, desde el punto de vista marxista, es inevitable y ha sido ya anunciada innumerables veces. El marxismo puede hacerse esta pregunta porque es una civilización cultural, y de tal manera confía su supervivencia y continuidad a fuerzas completamente distintas. No es que el marxismo conozca las fuerzas en base a las cuales se rige; las conoce sólo rudimentariamente, pero eso le basta para maravillarse de que el sistema capitalista exista todavía. El marxismo, por ejemplo, sabe muy bien que su permanencia depende de la eliminación del desarrollo divergente por medio de la planificación, y de la eliminación de toda tendencia cultural que pudiera aun remotamente debilitar la lectura ideológica de la realidad social. Los movimientos que surgen o se vuelven marxistas refluyen hacia la institución o bien son truncados en su nacimiento. Por ello los marxistas no pueden sino maravillarse de que el capitalismo continúe existiendo. Para dar una respuesta, en general, ellos insisten mucho en el notable desarrollo económico que ha permitido aumentar el ingreso de las clases bajas y en la gratificación ofrecida mediante el consumo. Según nuestro punto de vista, ésta es una respuesta errónea porque el problema, tal como lo hemos presentado, es precisamente inverso. En efecto, nos hemos preguntado: ¿por qué, no obstante el desarrollo científico-técnico-económico, esto es, el desarrollo de una sociedad de consumo desordenada, el sistema continúa existiendo? En los sistemas marxistas se observa la tendencia a desear bienes de consumo, y el descontento corresponde a la deficiente producción de bienes de consumo; por eso ellos piensan que estas cosas tienen un efecto estabilizante. En realidad no es así, a tal punto que la Unión Soviética o China o Vietnam se cuidan bien de permitir la expansión de una sociedad de consumo. Si estos países diesen a sus ciudadanos la libertad de gastar ilimitadamente su dinero en bienes de consumo, en poco tiempo la economía estaría en ruinas y el sistema se derrumbaría. Y ellos lo saben. ¿Por qué, entonces, el consumo debiera tener un efecto estabilizante en occidente y otro completamente contrario en la URSS y en Vietnam? Recordemos la diferencia entre Vietnam del Norte y Vietnam del Sur durante la guerra. El norte era espartano; el sur, Saigón en particular, se había convertido en un gran mercado donde se compraba y vendía todo. La avalancha de bienes de consumo norteamericanos y el deseo de estos bienes había provocado una profunda corrupción y un profundo desorden. La primera cosa que hicieron los vencedores fue precisamente arrasar con todo esto con extrema determinación y ferocidad. Pero lo mismo debe decirse de la libertad de la labor científica, cultural, artística. En el sistema marxista todas estas cosas son consideradas extremadamente peligrosas. Tanto es así que en los países europeos donde se ha desarrollado también las eliminan. Milan Kundera, respondiendo a Finkielkraut, quien le preguntaba si en Checoslovaquia había tenido lugar la eliminación de la cultura rebelde, de oposición, escribía: "No. No ha sido masacrada la cultura de oposición, sino la cultura y basta. Todo aquello que era importante, auténtico, de valor, debía ser destruido. Medio millón de checos ha sido despedido de su trabajo. Cerca de doscientos escritores, entre ellos los más grandes, no sólo han recibido la prohibición de publicar, sino que además sus libros han sido eliminados de todas las bibliotecas públicas y sus nombres borrados de los manuales de historia. Ciento cuarenta y cinco historiadores checos han sido licenciados. Donde había unas cuarenta revistas culturales y literarias, no queda sino una. El gran cine checo no existe más. Los mejores hombres de teatro han sido expulsados del país. La historia política y cultural ha sido reescrita: en ella no se encuentra ni Franz Kafka ni T.G. Masaryk, quien en 1918 fundó la República Checoslovaca, ni nada de lo que el totalitarismo ruso no podía digerir."[1]

Ahora, si esta cultura tiene efectos devastadores sobre el sistema marxista, ¿por qué no tiene análogos efectos en occidente? Nosotros damos acríticamente por descontado un efecto integrativo del arte y de la cultura que, en cambio, debe ser demostrado. Tampoco el efecto

[1] A. Finkielkraut: *Così fu massacrata la cultura ceca*, "Corriere della Sera", 12 de junio de 1980.

integrador de la permisividad y del hedonismo es en modo alguno pacífico. Cada sociedad debe producir deseos compatibles el uno con el otro y capaces de ser satisfechos. Si los deseos se vuelven incompatibles o desenfrenados producen desequilibrios sociales. Toda sociedad es un sistema de permisos y de prohibiciones. La permisividad pura y simple es incapaz de autoperpetuarse. Existe al respecto abundancia de documentación empírica. Mas limitémonos a un solo ejemplo, leyendo el relato de la autodestrucción de una comunidad hippie.

"Ha sido el primero, creo que el único, probablemente el último experimento de vida comunitaria de masas en Europa. A principios de los años '70, un grupo de jóvenes estudiantes y desocupados de Copenhague, austera capital danesa, penetró en un viejo campo militar abandonado hacía tiempo, situado al sur de la ciudad, en un barrio llamado Christiansavn, ocupándolo. En un principio las autoridades ciudadanas ordenaron el desalojo de los ocupantes, pero luego, frente a la masiva y compacta protesta popular y en vista de la rápida organización interna de actividades sociales y culturales, decidieron reconsiderar la situación como 'experimento social' y el desalojo fue prorrogado. Así nació la 'libre ciudad de Christiania'. En tanto, la vida comunitaria interna iba haciéndose cada vez más completa y articulada: se hicieron habitables la mayor parte de las grises barracas, ahora pintadas de vivos colores, nacieron locales de reunión con música y restaurantes, teatros, negocios de alimentos integrales y biodinámicos, hasta un taller artesanal para la construcción y la reparación de bicicletas (único medio de transporte autorizado dentro de la comunidad). El enlace a la red eléctrica e hídrica de la ciudad fue asegurado a cambio de una modesta tasa pagada a la comuna de Copenhague. En un clima de completa libertad de iniciativas, de apertura total a la experiencia, de deseo de lo nuevo, floreció la creatividad individual; junto a los

137

viejos barracones reformados se construyeron artísticas casillas artesanales de madera y pizarra en forma de pirámide o de cúpula geodésica; viejos carromatos de circo y autobuses en desuso se transformaron en breve en acogedoras habitaciones adornadas con flores y variados dibujos (notable la tentativa, luego abandonada, de construir una casa con... ¡botellas vacías y cemento!). Christiania comenzaba a atraer, como todo mito, centenares y luego millares de personas no sólo de Dinamarca, sino de toda Europa; su fama llegó pronto a transformarla en 'isla feliz' para miles de nómades y viajeros en busca de un dorado nirvana comunitario. La apertura incondicionada de Christiania a los siempre más numerosos nuevos eventos conllevó, junto con la creatividad, también la violencia, el atropello, el robo, el alcohol y la heroína. Como era dable esperar, en la 'fristadt', junto con la bella gente de cabellos largos toda 'peace and love' aparecieron traficantes y mafiosos de todo género y procedencia, bien protegidos aquí de la policía, que casi nunca trasponía los muros de la 'ciudad en la ciudad'. Las sonrisas fueron reemplazadas así, poco a poco, por los ojos rasgados de la paranoia, la socialidad por el individualismo y la desesperada soledad, el deseo de una vida diferente, a menudo por la inevitabilidad de una estúpida muerte. El fin del proyecto Christiania no ocurrió entonces por obra de una acción represiva violenta, sino por un lento, consciente suicidio ante el cual sus habitantes estables no supieron o no quisieron poner remedio.''[2] Se trata en este caso de un movimiento incapaz de transformarse en institución y de asegurar, por lo tanto, su permanencia. Es sólo un ejemplo de cómo la pura permisividad —por sí sola— no está en condiciones de reconstituir la solidaridad social.

Las explicaciones que dan los marxistas no valen, entonces, en absoluto. En los capítulos precedentes, por

[2] Adriano Bosone: *La fine di un mito*, "Re Nudo", mayo de 1980, n° 87, págs. 3-4.

otra parte, hemos ya discutido otra explicación autorizada, la de la supervivencia de antiguos principios de convivencia en vías de extinción. Es la tesis de Horkheimer, pero compartida por muchísimos otros. A ella se le puede
objetar que si hubiese sido verdadera cuando se la formuló, hoy no debería existir en occidente ninguna convivencia civil. Cosa que no ocurre.


## 2. La promesa universal

Para afrontar el problema debemos volver al modo
en que se manifiesta el ser como valor. La primera forma
es por pérdida, la segunda por nacimiento. Sin embargo,
en el examen que hemos hecho no hemos estudiado el modo en que ellas se relacionan con la sociedad. Y sobre este
punto debemos concentrar nuestra atención.

La primera observación a hacer es que *la situación de
pérdida, en la sociedad concreta, produce el nacimiento
de los movimientos.* Es decir que la pérdida genera el nacer. Pensemos en la situación de escasez petrolífera aguda
en un país como el nuestro. Todos los automatismos de la
vida cotidiana fallan, la gente se da cuenta de que le falta
algo esencial, que algunas cosas esenciales están amenazadas. En esta situación, por un lado se determina una
carrera desesperada de todos hacia lo exclusivamente individual, en una lucha contra todos, mas, por otro lado, se
determina también el proceso inverso, la tentativa de resolver la crisis de una vez y para siempre, poniendo en
efecto recursos internos, o sea, fuerzas de solidaridad. Y
esto es el movimiento. En un país como el nuestro, donde
existe una tradición marxista, una católica y una nacional, los movimientos encontrarían su lenguaje en alguna de estas formas culturales o en un sincretismo. Lo que
cuenta en este sentido es el hecho de que se trataría de
movimientos que prometerían un nuevo orden social, que

se prevé mejor que el anterior. Los movimientos, por efecto de su estado naciente, son siempre optimistas, la pérdida desencadena el nacer y la esperanza. Ya hemos dicho que en una situación de este tipo veríamos emerger los carismas.

Por otra parte, los movimientos, todos los movimientos, producen un trauma, una laceración del tejido social cotidiano e institucional, y representan siempre una amenaza que, en ciertos casos, puede considerarse mortal. El movimiento en su nacer constituye una transgresión del orden existente que niega validez a esto, que rechaza todo compromiso, que declara la falta de valor de las argumentaciones habitualmente váiidas. Ese movimiento irrumpe en la sociedad y la desafía. Dado que todo movimiento se contrapone de modo particular a ciertos grupos y a ciertas instituciones, son éstos quienes sufren más violentamente el choque. Ellos son impugnados y negados en su valor intrínseco. Visto desde otro ángulo, un movimiento es una ráfaga demencial que quita legitimidad a cosas consideradas pacíficas y legítimas, que sustrae cosas que se consideran establecidas. El movimiento estudiantil se arrojó sobre los docentes criticando su papel en el sistema, acusándolos de enseñar cosas absolutamente inútiles en vez de hablar de lo esencial. ¿Para qué hablar de matemática cuando los vietnamitas mueren a manos del capitalismo americano? Hablar de matemática significa apoyar objetivamente a los americanos, no oponerse a ellos. Desde el punto de vista del docente, esto significa quitar todo valor a lo que él es y a lo que él hace. El movimiento anula el valor del educador, quiere imponer algo totalmente distinto. Mas igual experiencia traumática ocurrió con el feminismo. En cierto momento el hombre se sintió totalmente rechazado, no porque hubiese cometido una falta en particular, sino por su modo de ser y de pensar. Y cualquier cosa que tratase de hacer no servía para nada porque no hacía sino confirmar su

140

mentalidad y su machismo execrable. El padre contradicho por los hijos que se hacen beatniks o hippies sufre la misma experiencia de pérdida total; el emprendedor a quien se opone un movimiento sindical se encuentra al mismo tiempo paralizado en su actividad y negado como emprendedor. En esta situación, la persona agredida acepta la agresión y se reconoce en el movimiento, o se ve obligada a desarrollar una respuesta que se coloca en el mismo plano general del movimiento. Y esto es posible sólo apelando al núcleo central de la institución, aquel que constituye su promesa esencial. *La reacción es así el movimiento que tiende a restaurar a la institución en sus fundamentos.* Pensemos en la Contrarreforma respecto de la Reforma. En otras palabras, o se produce reconocimiento o se produce reacción. O movimiento o institución. De ello deriva un proceso de compromiso y de polarización. El movimiento estudiantil no interesó solamente a los docentes sino también a las familias y, más en general —pensemos en las batallas callejeras— a toda la convivencia social. El movimiento sindical ha tenido efectos más generales sobre la economía. Es así que partes cada vez más extensas de la sociedad se ven envueltas en los movimientos y terminan por declararse en favor del movimiento o de la reacción.

Conclusión: puesto que la situación de pérdida produce movimientos y los movimientos, a su vez, producen situaciones de pérdida y reacciones, se deduce que en las situaciones sociales concretas la dinámica social, cualquiera que fuere el inicio del proceso, es siempre la de los movimientos y las reacciones de las instituciones. Aun si el proceso —como en el ejemplo dado de la escasez de petróleo— tiene su inicio en una situación de pérdida, *su dinámica social se presenta en términos de movimientos y de reacciones a estos movimientos.*[3] Así el choque social, aun-

---

[3] Para una exposición más general de la teoría del movimiento y de la reacción debo remitir a mis dos libros *Movimento e istituzione* y *Movimenti e civilizazioni culturali*, ya citados.

que nazca del miedo, es conducido siempre en nombre de una solución definitiva del problema, o sea en nombre de la esperanza. La diferencia respecto de una civilización cultural reside en que en el occidente moderno no existe un único nucleo institucional en el cual los movimientos se vean obligados a reconocerse. ¿Qué cosa hay entonces en común? Dos cosas: el sistema de categorías del estado naciente, que es estructuralmente el mismo en todos los movimientos (y en todas las instituciones), y un cierto tipo de racionalidad.

Debiendo sintetizar la esencia de esta racionalidad en una fórmula, diría que *racional es aquello que mantiene la promesa*. Si a un niño de tres años le digo que Papá Noel trae los regalos, desde el punto de vista del niño la situación es racional si encuentra los regalos y no ve que los trae otra persona. Cualquier descubrimiento científico o técnico puede ser considerado racional sólo en cuanto permite prever, deducir cosas que después serán determinadas. Pero, he aquí el punto importante, un movimiento es racional sólo si mantiene lo que ha prometido. En el ejemplo dado anteriormente acerca de la comunidad de Christiania, la irracionalidad se da en el hecho de que donde debía surgir una isla de fraternidad y alegría apareció en cambio un lugar de temible soledad, donde la gente circula armada, donde mafiosos, ladrones, aprovechadores son los verdaderos patrones. La introducción del problema de la racionalidad en el interior de los movimientos tiene consecuencias extraordinarias. En efecto, el movimiento en su estado naciente hace una promesa que, como hemos dicho, no pertenece a este mundo. Recordemos brevemente sus principales elementos categoriales.[4]

1. Encontramos en primer lugar la experiencia —que no es solamente intelectual sino también emotiva— de *liberación*; la experiencia de la posibilidad de *otro mo-*

[4] La exposición completa de la experiencia fundamental del estado naciente está en *Movimento e istituzione*, obra citada, págs. 69-103.

*do de ser*, la experiencia de la plenitud de vida, rica, desbordante, intensa, y que en algunos casos es experimentada como *renacimiento* o tal vez se presenta como tema del *hombre nuevo*; en el lenguaje de la tradición cristiana, esta experiencia de mutación ha recibido la definición de *inconcebible* o *incognoscible*.

2. Junto a esta experiencia de "vida nueva" y de renacimiento, hay una segunda que puede definirse como *separación entre el plano de la realidad y el plano de la contingencia*; vale decir, todo aquello que existe, que es propio de la vida cotidiana y de la vida institucional, en el estado naciente pierde sus caracteres de necesidad; entonces pasa a ser considerado contingente. Esta es una experiencia que encontramos tanto en la filosofía como en las religiones y los movimientos revolucionarios. El primero es el plano de la verdad y de la realidad, en el cual *cesa la alienación*; el otro, el de la existencia alienada, que no tiene más razón de ser.

3. En particular, ella comporta una elaboración del tiempo a la que damos el nombre de *historización*; lo existente, lo que ha sido, es reestudiado y privado de valor. Ya no es una necesidad, es algo que tuvo inicio en un cierto tiempo y que debe terminar. El pasado se convierte así en "prehistoria" (sacra o profana) que termina con el estado naciente mismo que significa el advenimiento de la nueva historia.

4. Otra característica regular del estado naciente deriva del hecho de que los participantes sienten la experiencia de ser portadores de *algo que los trasciende*, de una fuerza, de un destino. En las diferentes sociedades y culturas, tal fuerza se identifica con el odio o con la naturaleza o con la historia. Además, esta fuerza irresistible es experimentada como algo coincidente con el ser personal.

5. En el estado naciente, la realización de la propia *autenticidad* personal corresponde también a la realización de lo que es *justo*, de lo que está *bien* y de lo que es

143

*verdadero* en sentido absoluto. Se observa entonces una experiencia de identidad entre la propia autenticidad personal y cuanto en el sistema social, y más en general en el cosmos, es necesario, justo, bueno.

6. Esta experiencia de autenticidad se manifiesta también ella en diversas formas, mas generalmente requiere que todos sus miembros digan la *verdad*, es decir que hay un requerimiento y una necesidad de ser sinceros. La tradición cristiana nos lo comunica con la expresión: la verdad os hará libres. Ello comporta generalizar las experiencias (autoconciencia, confesión pública, comunión, etcétera) donde cada uno interpreta su propia condición personal a la luz de una condición general.

7. Otra importante característica es la *igualdad*. Hasta el líder (carismático) es considerado un igual, y él se considera tal. Por otra parte, el último en llegar (en el grupo como en el amor) puede convertirse en el primero y nadie puede apelar a méritos pasados. Lo que cuenta es el presente, la intención auténtica.

8. Tenemos en fin la puesta en común de los bienes: el *comunismo*. En el estado naciente, en mayor o menor medida, los participantes piensan que es posible vivir un tipo de vida en la que cada uno da lo que puede y recibe en base a sus propios requerimientos. Esto es posible gracias a la neta separación entre *necesidades esenciales y necesidades no esenciales*. Sin embargo, se considera a casi todas las cosas inesenciales. Por lo tanto, hay en el estado naciente una *autolimitación* de las necesidades.

Que la experiencia del estado naciente sea estructuralmente la misma en épocas y pueblos distintos nos permite explicar dos importantes fenómenos. En el primer capítulo habíamos observado que nosotros tenemos la experiencia de un "progreso" moral. Este, en diversos aspectos, se parece al de las ciencias naturales, pero en otros difiere radicalmente. En efecto, mientras en estas ciencias nosotros "descubrimos" algo que antes ignorábamos totalmente, en el caso del progreso moral tenemos la impresión de que aun los primitivos, aun quienes efectuaban transformaciones simbólicas usando seres humanos, aun nuestros antepasados que creían en el infierno y torturaban a los herejes y criminales podían en realidad saber qué estaba mal. El progreso moral no se nos presenta entonces como descubrimiento sino como *revelación*, el claro aparecer de algo que ya oscuramente sabíamos o podíamos saber. Tampoco las grandes diferencias morales entre las diveresas culturas nos impiden entrever un algo en común, tanto es así que las podemos comprender, explicar, apreciar. Si la experiencia del estado naciente es —al menos en el arco histórico de los milenios que podemos conocer— estructuralmente la misma, entonces este parentesco queda explicado y queda explicada también la impresión de *revelación* de algo ya sabido porque, en el momento de los orígenes, las categorías fundamentales son las mismas y sólo su elaboración es diferenciada. También el progreso moral debe partir de esta experiencia, y constituye tan sólo una elaboración distinta de ella. La impresión de revelación, de profundización es así análoga a la de la "sucesión profética". En todas las religiones históricas, el nuevo profeta (Jesús respecto de Moisés, Mahoma respecto de Jesús, etcétera) no viene a abolir la ley sino a completarla, a revelarla de manera más completa, a corregir los errores del pasado en nombre de algo que era válido también en el pasado pero estaba oculto, no alcanzaba la maduración.

El segundo fenómeno, del que ya hemos hablado mas conviene rememorar, es que tantos filósofos, profetas, políticos, hombres religiosos y psicólogos hayan prometido (y en el caso de los libertinos declarado realizada) la liberación de la separación entre el bien y el mal. Ahora la descripción del estado naciente nos señala que los hombres en esta experiencia ven aproximarse el fin de la separación entre bien y mal porque el placer y el deber tienden a coincidir totalmente. Si la humanidad y cada individuo aislado han tenido innumerables veces esta experiencia, no debemos maravillarnos de que sea prometida como meta última de la sociedad. Se ubica en el final lo que se ha revelado en el principio. Y, en el principio, el mal y la contingencia.

En la tradición oriental esta experiencia está en la base de un proceso de liberación de toda contingencia y toda necesidad. Ello solamente es posible logrando la soledad, la independencia del mundo y del cuerpo. Tema éste que se transparenta o se delinea también en occidente, en las referencias a la contemplación como sumo bien, desde Aristóteles hasta los místicos como Eckardt. Pero el rasgo saliente de la tradición cultural del occidente está dado por el hecho de que se pone a esta experiencia en la base de *una tentativa concreta de transformar el mundo social*. Al convertirse en un proyecto de transformación concreta, el estado naciente debe realizar elecciones en el interior de algo que no debería requerir elección alguna. Es en esencia una elección entre cosas que debieran tener todas un valor absoluto porque todas juntas participan de la experiencia del *verum, unum et bonum*. Mas, como hemos visto, para convertirse en proyecto, la experiencia del estado naciente debe determinarse, reconocer los límites, las imposibilidades. A menudo los protagonistas deben aplazar su plena realización para el futuro y ocuparse de los medios para que ella pueda, un día, tener lugar. Lo que quiere decir, de cualquier modo, renunciar a la plena realización de la esperanza.

En las situaciones concretas, las dos formas en que se manifiesta el valor, la pérdida y el *novum*, entran en conflicto. Entran en conflicto en el mismo individuo que desea lo nuevo, lo totalmente distinto, y sin embargo continúa amando los objetos de amor que la nueva experiencia destruiría. Ocurre sobre todo en los grupos, donde lo que debe ser conservado y lo que debe ser abandonado divide al grupo en una "derecha" y una "izquierda" e impone el nacimiento de un mediador que constituye el centro ético del grupo: el líder carismático. En términos absolutamente generales podemos decir entonces que toda institución es el producto de una elección que favorece a algunos elementos a costa de otros. Tomemos, para dar un ejemplo, algunos conceptos derivados directamente de la experiencia del estado naciente tal como aparecen formalizados por la Revolución Francesa: libertad, igualdad, fraternidad. La institución se propone transformar a la sociedad para que ésta encarne estos principios. Mas para hacerlo debe delimitar, distinguir. Por ejemplo, ¿cómo se debe entender la igualdad? ¿Igualdad económica entre todos, o tal vez igualdad jurídica ante la ley? En el estado naciente el problema no se planteaba porque se hallaban en acto mecanismos de comunismo espontáneo, mas para producir la institución, para establecer qué se debe querer y hacer, es menester precisar las cosas. La elección de la igualdad jurídica deja subsistir legítimamente las diferencias económicas existentes. Respecto de la experiencia del movimiento —en el que parecían inesenciales, contingentes—, ella las fija, las instituye y establece también que atentar contra ellas está mal. Si elige la igualdad económica, se ve obligada a expropiar, a condenar como algo malo lo que muchos miembros del movimiento consideraban su derecho fuera de discusión. Todavía más arduo es transferir al mundo el principio de fraternidad. En el estado naciente la fraternidad era espontánea, pero si ahora alguien no se siente hermano, ¿qué debe hacerse? ¿Imponer la fraternidad con el terror? Es la célebre objeción de Sartre.[5] Está claro que tratar de realizar en el mundo, mediante leyes, disposiciones y obligaciones, la promesa del estado naciente, comporta siempre un choque, un dilema y tal vez lleva a los más temibles y peligrosos despotismos.

[5] Jean-Paul Sartre: *Critica della ragione dialettica*. Il Saggiatore, Milán, 1965.

Lo que era una explosión de lo posible, la experiencia de una modalidad de ser totalmente distinta y feliz, puede convertirse en imposición fanática, totalitarismo.

Las categorías a priori del estado naciente de los movimientos no son ni racionales ni irracionales. Ellas, en su conjunto, establecen lo que está bien, aun lo que estaría bien. Pero el bien que ellas prometen no pertenece a este mundo, el estado naciente no dura. Este produce una exploración de lo posible para determinar cuánto de esa esperanza y de esa solidaridad es realizable dadas ciertas condiciones históricas. El estado naciente debe de ese modo encarnarse, hacerse proyecto e institución. El movimiento es el proceso con el que esto ocurre, el proceso a través del cual el movimiento regenera —si lo logra— una institución. Es en esta fase cuando debe elegirse, distinguirse entre el bien y el mal, y es en esta fase cuando se cita a la racionalidad; la elección debe ser sostenida racionalmente, el proyecto debe parecer verosímil, practicable. El proyecto debe formularse de manera tal de producir ciertos resultados y entonces será juzgado por ellos. *Si racional es aquello que mantiene la promesa*, el movimiento es permanentemente interrogado acerca de su promesa y juzgado por su resultado. La Revolución Francesa había enarbolado los tres grandes ideales de libertad, igualdad y fraternidad. Ella fue interrogada sobre ellos. ¿En el terror había libertad, había fraternidad? No. Entonces la revolución prometió cosas que luego no cumplió. El terror se puede explicar históricamente, mas, desde el punto de vista de la promesa que se había hecho, ha fracasado. No es diferente el juicio de la Revolución de Octubre acerca de la cultura occidental: ella había prometido la igualdad, la fraternidad, el fin de las clases y la extinción del Estado. ¿Ha mantenido la promesa? No, no la ha mantenido. El comunismo "real" no es lo que habría debido ser. ¿Y en base a qué? A su promesa. *El precipitado histórico de los criterios con los que debe formularse*

*la promesa y los criterios de juicio acerca de su inobser-*
*vancia constituyen el patrimonio ético-político específico*
*del occidente.* Esto significa que el presupuesto de la solidaridad de occidente, de su permanencia, de su durar, está en que los movimientos intenten instaurar un orden solidario "ideal", pero acepten el deber de demostrar la
compatibilidad de su proyecto con la promesa fundamental del movimiento, tanto teóricamente como en los
hechos. La solidaridad occidental se fundamenta en dos
elementos que deben darse simultáneamente: los movimientos y el límite que ellos se ponen incorporando la carga de la verificación de su propio proyecto.

Comenzamos a vislumbrar la diferencia de estructura entre un proceso de este género y el que caracteriza a
una civilización cultural. En ésta se ha elaborado un códi-
go dominante en el que están codificadas y decodificadas
las situaciones de pérdida y de *novum.* Existen textos ca-
nónicos, como el Corán o el Evangelio o el Capital de
Marx, y también existe siempre la posibilidad de identificar y describir una forma ideal de sociedad. Ideal es para
el Islam la comunidad de Medina en la época del profeta;
ideal era para el cristianismo el período en que Jesús habi-
taba entre los hombres. Una civilización cultural —en
cuanto institución— conserva en sí la promesa y el ideal
de que la historia termine, alcance sus fines y se constitu-
ya un estado social definitivo y perfecto. Este estado definitivo puede elaborarse bajo forma de utopía o se lo
puede dejar indeterminado, mas el bien y el mal siempre
son implícitamente medidos de alguna manera en base al
apartamiento de un modo de ser o de actuar que ya ha sido señalado o, aun más, alcanzado. En cambio, en la tradición occidental, sobre todo después de la crisis moderna, este ideal ya no puede definirse en concreto. No hay
ningún arreglo social que pueda permanecer por estar
cumplido. Nadie puede levantarse y declarar que tiene a
disposición la llave de la sociedad perfecta sin someterse

al peso de la prueba y la desmentida. Los movimientos emergen continuamente y continuamente replantean el mundo para dar luz eterna a la promesa de la que son portadores; mas la característica específica del occidente moderno es que cada uno de ellos renuncia, debe renunciar, a la pretensión de ser dominantes y de imponer su propio proyecto universal por la fuerza. Ninguno puede imponer su verdad por la fuerza, transformar su éxito en dominio. Es como si hubiese un mandamiento único, primordial y absoluto que prohíbe a todo movimiento pretender la calidad de absoluto. Todos los movimientos ven el *unum, verum et bonum*, todos participan de él, mas ninguno lo es. Ninguno puede sostener que es Dios. ¿Esto significa entonces que Dios ha desaparecido del mundo? Pero todos los movimientos y, por lo tanto, todas las instituciones no han hecho otra cosa que tratar de encarnar en el mundo a algo que se acerque a lo absoluto o a la perfección. Todos hablan de Dios. En este sentido, Dios ha muerto en Occidente. Mas sólo en cuanto se ha convertido en blasfemia, en nombre de un dios, oprimir lo que a todos ha sido consignado como promesa originaria. El movimiento que impone la fraternidad con el terror —para usar la bella expresión de Sartre— realiza un acto moralmente y lógicamente contradictorio. Nuestra vida y nuestra política han nacido de la aplicación de la racionalidad a la esperanza del movimiento: la racionalidad ha dicho que no se podía imponer la fraternidad con el terror, que no se podía imponer la unanimidad con la fuerza y la manipulación, el comunismo espontáneo con la coerción. La tentativa de imponer un único punto de vista, una solidaridad absoluta, destruye de raíz a la promesa del estado naciente.

## 3. La racionalidad

Antes de proseguir debemos explicitar algunas impli-
cancias de los resultados que hemos alcanzado. Hemos
visto que, en las situaciones sociales concretas, la situación
de pérdida produce la de movimiento. El vacío se llena de
una plenitud, la desaparición de las cosas amadas y no
amadas desencadena la reestructuración del campo, es decir, el estado naciente. Por otra parte, los movimientos,
todos los movimientos, brotan de una situación social la-
cerada, sufrida. Ellos son una respuesta salvadora y re-
constructiva a una degradación y a una contradicción.
Quien es feliz de su condición, quien ocupa una posición
social privilegiada, quien está satisfecho de sí mismo,
quien está en equilibrio, no tiene cabida en un estado naciente. Los movimientos siempre son movimientos de revuelta, de protesta, volcados a instaurar un modo de ser
feliz en el lugar de algo que es fuente de infelicidad y de
sufrimiento. Dicho en otras palabras, ellos derivan
siempre de una pérdida. Tal vez ésta sea una sustracción
brusca como en los ejemplos de la enfermedad, o del rapto, o de la escasez. En los otros casos es, en cambio, una
pérdida lenta, económica y cultural, a un tiempo, como en
las sociedades oprimidas o en las culturas que entran en
crisis frente a la modernización. En términos absolutamente generales podemos decir que quienes se ponen en
camino hacia el nuevo mundo de la esperanza del movimiento son siempre pueblos, clases, grupos, individuos
que han perdido o no pueden tener algo esencial y experimentan tormento. Esta experiencia es la matriz de los movimientos y por lo tanto de las instituciones de occidente.
No sólo en el pasado sino también en épocas modernas,
aun hoy. ¿Pero entonces no tenía razón Nietzsche al
afirmar que toda la ética de occidente es producto del resentimiento? Quienes animan los movimientos son los enfermos, los pobres, los sufridos, los miserables. Ellos sólo

151

están cargados de envidia hacia los felices y los potentes. Ellos odian lo que no tienen y no pueden tener y —bajo la guía del sacerdote— definen como malvado e infame a todo lo bello, placentero y feliz. Debemos examinar agudamente esta perspectiva de Nietzsche también bajo el aspecto del concepto de fuerza. El error del pensamiento "racional" y de todo lo "reactivo" está, según Nietzsche, en separar a la fuerza de lo que ella es capaz. El pensamiento reactivo imagina una fuerza que no desarrolla su poder, un débil que —si quisiera— podría ser fuerte, un miserable que —si quisiera— podría ser virtuoso. Los movimientos, desde esta perspectiva, son el aullido de odio de los débiles y de los sufridos, incapaces de otra cosa que envidiar y odiar. Sus fantasías de un nuevo mundo, de un paraíso, de un apocalipsis, del triunfo final de la justicia son la negación de la vida que el sacerdote y el demagogo sostienen y apoyan para obtener, de estas turbas miserables, la fuerza para su escuálido dominio. Indudablemente hay en esta perspectiva de Nietzsche una parte de verdad. Él ilumina de modo despiadado a aquella componente de los movimientos que traduce directamente en la acción colectiva su miseria, su odio, su avidez, su resentimiento. Es la gran masa irritada de las personas que adquieren coraje cuando se dan cuenta de que el orden social se ha resquebrajado, cuando ya no tienen que temer la represión. ¿Quién tomó La Bastilla? Una masa popular desencadenada que quería abatir el símbolo de un poder al que —hasta poco tiempo antes— temía y ante el cual se inclinaba aterrorizada. ¿Quién se encontraba feliz en la plaza de la Concordia viendo caer las cabezas de los nobles? Un pueblo envidioso que satisfacía de tal manera su sed de venganza, sus impulsos agresivos. Las masacres, las crueldades, las torturas, la violencia que hay en todos los movimientos son primero que nada liberación y descarga de la agresividad, sadismo y venganza.

Incluso el cristianismo reclutaba a sus seguidores prometiendo la visión paradisíaca del tormento de los réprobos. Y, sin embargo, todo ello es solamente parte del fenómeno. También existe siempre, en su centro, la aparición de una perspectiva nueva; existen siempre ciertos grupos, las élites creativas, en quienes se manifiesta el estado naciente y para quienes el resentimiento y la venganza son cosas remotas. El estado naciente vuelve contingente a lo existente, vuelve contingente al pasado, ello porque priva al pasado de su necesidad de venganza. Los verdaderos protagonistas de los movimientos, estos individuos, grupos, élites creativas, se encuentran, desde el punto de vista de la fuerza, en una situación totalmente particular. Ellos están oprimidos, sufren, han perdido o están perdiendo algo. Pero sería un error decir que no son fuertes. Los movimientos nunca pueden estallar entre los débiles, entre quienes no tienen fuerza. Quien es realmente débil no se rebela. Se rebela aquél cuya potencia ha crecido objetivamente pero no se ha manifestado todavía. Se rebela aquel cuyo poder está disminuido pero permanece aún mucho más elevado de lo que aparenta. Son las clases en ascenso ⸺como bien había comprendido Marx⸺ las clases que de hecho han ya modificado sus relaciones de poder, aquellas en las que se manifiesta un sufrimiento y una intolerancia. Sólo ellas perciben sus propias posibilidades y la experiencia del límite como límite absurdo e injusto. Ellas son las que se rebelan. Por cierto, hay situaciones sociales en las que, por el debilitamiento del orden social, se rebelan también componentes sociales realmente débiles (pensemos en tantas revueltas campesinas), mas se trata en realidad de un error; ellas se rebelan cuando se creen fuertes y no lo son.

Cuanto Nietzsche dice respecto de la fuerza es cierto. Mas precisamente el hecho de que estalle un movimiento o más aún una revolución es el signo, la prueba de que las élites se habían debilitado. Dicho en otras palabras, los felices, los protegidos por los dioses no pueden pensar que conservarán su posición de dominio sin ser molestados. A sus pies, oscuramente, se constituyen nuevas relaciones sociales, nuevas clases, nuevas fuerzas. La situación conjunta entonces ya ha cambiado de hecho, aunque todo parezca intacto. El factor fundamental de esta transformación es el desarrollo de las fuerzas productivas y, en el mundo moderno, la transformación científico-técnico-económica. Sin embargo, esta mutación de hecho se revela sólo cuando es superado cierto límite. Entonces aquellos que ya tienen más poder, aquellos que se encuentran ya en una posición estratégicamente más avanzada, viven una experiencia de pérdida, de impotencia, de injusticia; y es entre ellos que aparece la reestructuración del campo. La historia de los movimientos que se sucedieron en el tercer mundo tras los contactos con occidente, nos muestra que los protagonistas de los movimientos son siempre hombres apoyados entre la antigua y la nueva cultura, personas que viven profundamente el drama de su sociedad moribunda y que, al mismo tiempo, participan de lo nuevo. Los viejos líderes y los viejos notables intentan conservar el pasado. Quienes han entrado a formar parte del mundo de los blancos, quienes se han socializado totalmente tratan de hacerse aceptar, emigran, hacen carrera en la administración extranjera. Es quien se encuentra en el medio, profundamente radicado y profundamente desgarrado, quien —si tiene los recursos— innova. Él vive en sí mismo el drama de su gente, la muerte de su cultura y la sacudida de lo nuevo. Su sufrimiento es entonces el sufrimiento de dos posibilidades bloqueadas, la antigua y la nueva, y de dos exclusiones. En realidad él está, al mismo tiempo, dentro y fuera tanto de lo viejo cuanto de lo nuevo: para encontrar su lugar, lo viejo debe morir y renacer como nuevo. Pero también lo nuevo debe morir y renacer sintetizado con el pasado. El *novum*, el estado naciente, es esta síntesis, mas las precondi-

154

ciones de esta síntesis están ya dadas en lo social. En él están ya establecidas las encrucijadas donde la contradicción es máxima y es allí donde se acentúa la posibilidad
del advenimiento.

Esto ocurrió en mil cultos del tercer mundo, pero
también en el cristianismo de los orígenes, en las ciudades
mercantiles perdidas en el desierto donde nació Mahoma,
en la Bohemia de Huss, en la Alemania de Lutero, en la
Francia de los nobles empelucados y del esplendor. Vemos que el estado naciente desemboca de un resentimiento de tipo bastante particular: es, en efecto, el resentimiento de quien fue arrojado anticipadamente a su tiempo,
lanzado a los confines de dos territorios incompatibles.
En este lugar, los felices y los potentes son ciegos y los
pobres ven. No todos los pobres ven; más aún, en general
no ven nada. No todos los potentes son ciegos; más aún,
en general ven muy bien. Mas en los confines del devenir
se invierte la perspectiva, y es aquí donde surge el movimiento. Una sociedad que extrae su energía de los movimientos, entonces, da su palabra y su voz a quien ve, da
las condiciones para transformar en tejido social, en solidaridad, en humanidad, lo que aparece sobre el abismo
de lo imposible y de lo posible.


## 4. El renacimiento

La incesante transformación no solidaria destruye
todo lo que existe. Entonces se presentan solamente dos
alternativas. O ella es interrumpida, bloqueada, congela-
da, como en la China antigua, en las civilizaciones culturales, o de lo contrario la sociedad *renace continuamente*.
Pero los protagonistas de este renacer no pueden ser los
felices, los potentes, los protegidos por los dioses. Esto
Nietzsche no lo ha entendido o no ha querido entender.
En una sociedad en continua, incesante transformación

155

no solidaria, los potentes, los amados por los dioses, los verídicos, se vuelven ciegos. Nadie puede afirmar: yo soy el amado por los dioses. Por otra parte, quien emerge impulsado por las fuerzas colectivas debe experimentar sufrimiento porque debe convertirse en algo que todavía no es. Debe explorar lo posible para reconstituir para sí y para los demás un mundo habitable. La historia de occidente es así la historia de los movimientos producidos por quienes debían convertirse en algo que aún no eran. En cada oportunidad, el mundo ha sido repensado en términos de solidaridad por aquellos cuyo poder aumentaba o aquellos cuyo poder disminuía, aquellos que pasaban a encontrarse en una nueva encrucijada de relaciones no dichas, no pensadas, no conocidas debido a su condición de nuevas. A partir de ese nudo han re-fundado una convivencia hecha de solidaridad, autenticidad, dedicación, comunismo. En los momentos de máxima ruptura se reconstituyó la fusión que dio origen a la sociedad humana. En cada oportunidad, la sociedad ha sido desafiada por el emerger de los nuevos y de los excluidos, ha sido revuelta y modificada pero, también, continuamente enriquecida. En cada oportunidad, esta gente avanzó en nombre de una justicia superior y de una humanidad superior, habló de un nuevo mundo feliz y pacificado, adelantó derechos. El milagro de occidente está en que esa esperanza siempre ha encontrado un lugar, en que esos derechos siempre han sido acogidos como elementos fundadores de la sociedad. Ciertamente, de la esperanza originaria bien poco quedó, mas sin embargo siempre ha quedado algo. Nuestras instituciones, nuestras constituciones, nuestros códigos son el precipitado de las "conquistas" de los innumerables movimientos de nuestro pasado. Paralelamente al desarrollo acumulativo de la ciencia, de la tecnología y de la riqueza material tuvo lugar una acumulación de *conquistas sociales*, de *progresos morales*. Todos nosotros hemos incorporado en nosotros mismos —más allá de las afirmaciones contrarias— la convicción de haber sido capaces de un progreso ético. Sabemos que este progreso puede desvanecerse. Sentimos, ora más agudamente, ora menos agudamente, la falta de adecuación de nuestra sociedad para realizar algo de lo que tenemos el recuerdo o la previsión, un ideal que innumerables veces nos ha parecido cercano y que siempre nos ha rehuido. Pero nadie añora el pasado. Este nos parece injusto. Podríamos afrontar aun su miseria, pero no la injusticia, la desigualdad, los privilegios, las limitaciones de la libertad individual, la pobreza de muchos en favor de los pocos. Lo que los movimientos conquistaron pertenece a todos, se ha convertido en nuestro patrimonio común. Y nosotros lo consideramos razonable; quien dice lo contrario miente. Consideramos que nuestra sociedad es más racionalmente justa que las del pasado. Lo que existe no nos basta; de tal manera, la condena de otros aspectos de nuestro sistema es total —porque los movimientos siempre condenan de manera total—, pero nunca en nombre del pasado histórico. La condena total se hace en nombre de un deber ser total que no ha sido realizado.

Si ahora volvemos a la pregunta "¿cómo ha podido existir esta sociedad?" nos damos cuenta de que tenemos a nuestra disposición un potente principio explicativo. Ella ha podido existir *porque se ha renovado continuamente* a partir de los movimientos que surgían, en los lugares donde era vulnerada, de las clases y grupos sociales que se erigían en portadores de derechos. Ha podido sobrevivir porque ha basado la legitimidad de todo lo que dentro de ella se cumple en la demanda de justicia, igualdad, autenticidad que emergía de los movimientos. Opuso a ellos tan sólo *un límite absoluto, insalvable: no erigirse como totalidad perfecta*. Siempre ha requerido de ellos, y con absoluto rigor, la formulación de propuestas precisas a las que fuese posible hacer preguntas concretas obteniendo respuestas racionales. En el fondo, éste fue el modo en que pudo afrontar también a movimientos que, por sus dimensiones y su elaboración ideológica, aspiraban a reconstituir una civilización cultural, como el marxismo. Les ha requerido aceptar el convertirse en "partidos" y elaborar un "programa". Así, los partidos revolucionarios separan el programa revolucionario, de transformación total, a largo plazo, de aquel a mediano y corto plazo. Para un partido revolucionario, el programa a mediano y corto plazo es sólo un medio para la transformación radical e irreversible. Las fragilísimas democracias occidentales se han contentado con esta falsa promesa, han aceptado la edificación de una fuerza política que tenía por meta declarada su anulación de la faz de la tierra. En breve tiempo, sin embargo, muchas de las nuevas fuerzas políticas terminaban por dar notable importancia a los resultados de los programas a mediano y corto plazo. El sufragio universal y las reformas sociales dejaban de ser un truco para perpetuar el poder de la odiada burguesía: se convertían en fines válidos por sí mismos, conquistas sociales.

Contra esta tendencia es que el leninismo y luego el marxismo soviético de la tercera internacional propondrán nuevamente una genuina intención revolucionaria. En la actual sociedad burguesa —ellos sostienen— todo mejoramiento es ilusorio, toda conquista se valúa sólo en función del aumento del propio poder de aniquilación de la clase adversaria. Se abre así el período de las guerras ideológicas, el choque de las civilizaciones culturales que caracteriza a la primera mitad del siglo. Pero, tras la Segunda Guerra Mundial, este tipo de marxismo pierde fuerza en los países del occidente desarrollado y —paralelamente— pierde fuerza la reacción en su contra, el fascismo o, más en general, el radicalismo de derecha.

En todos los países de occidente asistimos a un continuo comparecer de movimientos que llaman a escena a nuevos grupos políticos que se hacen protagonistas de la vida política y cultural y agrandan la esfera de los derechos. La sociedad aumenta su responsabilidad hacia los grupos menos privilegiados: asegura cuidados médicos para todos, la asistencia de la vejez, protege de la desocupación. Los movimientos juveniles de los años '60 abaten —en los Estados Unidos— las barreras raciales, obligan a aceptar comportamientos sexuales antes condenados. El movimiento feminista ataca las diferencias consuetudinarias entre hombres y mujeres. Con la aparición de la amenaza de guerra atómica y ecológica se afirman movimientos pacifistas y ecologistas. Lo que es importante subrayar aquí es que estos movimientos no son simplemente fuerzas que hacen pedidos al Estado: son nuevos campos de solidaridad, sociedades en expansión que reconstituyen la solidaridad incorporándoles otros derechos y otras posibilidades de acción. El movimiento feminista produjo una reestructuración de las relaciones entre los sexos a todos los niveles, impuso una nueva ética, un modo diferente de juzgar el bien y el mal. Para lograrlo, las mujeres han debido sentirse oprimidas, miserables, infelices y rebelarse, han debido vivir en sí una condición abominable y —en el estado naciente del movimiento— vislumbrar una humanidad nueva gracias a su aporte. El resultado no ha sido la apertura del reino paradisíaco del matriarcado, ni la dictadura de las mujeres. Ha sido algo diferente: el ingreso a la sociedad de una riqueza humana, afectiva y cultural que estaba esclerotizada. Al término del proceso había aumentado la solidaridad; el respeto recíproco y la dignidad eran más fuertes; había crecido la igualdad; era más fuerte la vigilancia de lo que ya se consideraba injusticia. También se dirigió de otro modo a los recursos técnicos y se estimuló a otros. Pensemos en los métodos anticonceptivos, el desarrollo de la sexología, la psicoterapia familiar y de pareja. Los movimientos ecológicos están provocando análogas transformaciones de fondo en las relaciones sociales, en la orientación de las investigaciones científicas. Pero también aquí lo esencial reside en la constitución de una solidaridad. Siempre debemos volver a donde hemos partido: el ser como valor y el constituirse del orden, la jerarquización de los medios en relación con la emergencia de los fines. Formación de los valores y formación de la solidaridad son dos aspectos del mismo proceso. El hecho de que el movimiento choque con la institución, desde este punto de vista, opera en el mismo sentido porque la institución se ve obligada a interrogarse sobre sus fines últimos. Aun si lo logra, la reacción tiene los caracteres del movimiento. El choque tiene lugar en el mismo plano, el de los valores universales, el de lo que debe ser válido y bueno para todos. *El movimiento y la reacción deben demostrar sus razones*, presentar pruebas, hacer preguntas precisas, obtener consensos generales, convertirse en proyectos aceptables y realizables. Toda la vida social cambia entonces de nivel, se hace éticamente inspirada. Existe un conflicto, es cierto, mas en nombre de una justicia y de un bien que deben ser explicitados, demostrados, coralmente aprobados. Cuando ciertas normas son sometidas a votación y aceptadas; cuando, en el choque, ciertos derechos y ciertos deberes se afirman, por fin, mediante el voto, es la sociedad entera la que se siente enriquecida, renovada. En este tipo de choques característicos de occidente es como si cada vez se devolviese a la discusión y se renovase el pacto social. En realidad, todo movimiento en lo profundo constituye una denuncia del pacto. El secreto de occidente está en el hecho de que esta denuncia tiene lugar cada vez y es real, sin embargo ella conduce a una renovación del pacto, que emerge más fuerte, más sentido y más verdadero.


## 5. Promesas y norma

¿Qué caracteriza, distingue a este proceso respecto de aquél que se presenta dentro de una civilización cultu-

160

ral? Que en ésta todo movimiento debe cumplir una ren-
dición sin condiciones al sistema de creencias, prácticas,
ideas del ordenador cultural. También en la civilización
occidental los movimientos deben someterse. No, sin embargo, a un contenido doctrinario preestablecido, sino a
las reglas del juego que imponen la continua confrontación y la continua verificación. Todo movimiento nace
con una pretensión de infalibilidad. Mas la primera regla
del juego es su no admisión por parte de nadie. Fueron
necesarios largos siglos en Suiza, en Holanda, en Inglaterra, en los Estados Unidos, para que generaciones enteras
aprendieran —en profundidad— este principio fundamental. Esto no significa que los movimientos que nacen no se
sientan infalibles. Pero cada uno de sus componentes
aprendió —o debe aprender— que esta infalibilidad debe
ser demostrada. Lo que significa que no se puede esperar
que los demás la admitan ni se la puede imponer por la
fuerza, en ningún caso. El aumento de las sectas protestantes bajo una única monarquía fue la escuela de este
aprendizaje que, transferido a la política, generó la democracia moderna. Lo que llamamos civilización occidental tiene así un centro que es prevalentemente anglosajón, y es en él donde, en el período de las guerras ideológicas del siglo XX —en especial la Segunda Guerra Mundial— ha sido conservado. Al principio de los años '40 toda Europa estaba dominada por el nazismo o, como en
Italia y en España, por el fascismo; en la URSS se estaba
afirmando el stalinismo, en Sudamérica se alternaban varias formas de dictadura. Sólo en los países anglosajones
fue entonces salvada esta modalidad de consentir que los
movimientos den su aporte de renovación religiosa, ética
y política sin producir un totalitarismo, sin empeñarse
—porque habían renunciado a ello— en instaurar una
nueva civilización cultural. Es por ello que en estos países
nosotros vemos, como por transparencia, el proceso de
transformación de la energía de los movimientos en fuer-

za solidaria y en un proceso ético acumulativo. La clave de esto está representada por el explicitar los propios objetivos, establecer metas, hasta dar a éstos un peso tal que el movimiento, una vez que los ha alcanzado, se disolverá. En efecto, son muy frecuentes en estos países los movimientos que concentran su intención transformadora en un programa, con una organización *ad hoc*, es decir, estrictamente desmantelada tras su cumplimiento. A los ojos de los observadores europeos, sobre todo los que provienen de una civilización católica o marxista, tales movimientos aparecen limitados, carentes del verdadero *pathos* "revolucionario" que tienen los movimientos. En realidad, sólo nos encontramos frente a un tipo particular de institucionalización que no tiende a perpetuar la permanencia del campo de solidaridad, sino al logro de ciertos objetivos dotados de valor absoluto. Además de éstos hay naturalmente otros movimientos que intentan asegurar la permanencia de la formación colectiva y conservar experiencias particulares del estado naciente. Por ejemplo, numerosos movimientos religiosos.

El típico modelo anglosajón se difundió en Europa después de la guerra. Hemos tenido varios ejemplos en los movimientos sobre determinados derechos civiles, en los movimientos de liberación de la mujer, de los homosexuales, etcétera.

La *civilización* occidental presenta una fuerte tendencia a asumir bajo su tutela a las mismas civilizaciones culturales. Así ha ocurrido ciertamente en lo que respecta a la Iglesia Católica en Holanda, en Inglaterra y en Suiza desde hace ya algunos siglos. En estos países, el catolicismo ha sufrido una sutil pero profunda mutación, pues —aun considerándose universal— ha aceptado competir con las demás confesiones en el marco de las reglas del ordenador del Estado. En la segunda posguerra se vio que esta modalidad podía extenderse también al marxismo. En Francia, en Italia y en España existen importantes partidos comunistas cuyo programa a largo plazo comportaba la eliminación del capitalismo y la constitución de una "democracia popular", es decir un totalitarismo. Con el tiempo, en especial en Italia, se operó una mutación, y lo que antes era una simple imposibilidad de conquistar el poder se convirtió en una norma interiorizada y aceptada: no se pueden modificar las condiciones que impiden la concurrencia de los movimientos y las instituciones. En nuestros términos, no se puede imponer la propia civilización cultural; existe algo más alto y dotado de valor que no se puede eliminar de una sola vez con un dogma, una doctrina o una estructura. El marxismo italiano ha seguido de tal manera el mismo camino ya transitado por el catolicismo liberal. Una ardiente fe católico-liberal requiere que se permita a los otros la libertad de combatirla. Esto no implica el fin de las civilizaciones culturales. El cristianismo, el islam, el budismo pueden continuar existiendo, mas subordinados a un conjunto de principios ético-políticos incorporados al mismo ordenador. En efecto, un catolicismo liberal, un judaísmo liberal no se caracterizan por una renuncia a la verdad propia, sino *por la inserción del límite y del peso de la prueba en la verdad propia*. En el caso de la religión, la prueba es esencialmente subjetiva: es la capacidad de proporcionar alegría y esperanza, de producir el contacto con lo esencial que toda religión promete. En el caso de la política, la prueba está confiada al programa, al voto. Gracias a este proceso de internalización, un católico liberal estima que el verdadero catolicismo debe ser el que cada uno viva auténticamente en sí mismo y que no existen coerciones ni costumbres capaces de producir valores. Un catolicismo impuesto o consuetudinario no es, en realidad, el verdadero catolicismo. Por lo tanto, un poder político católico no es mejor que uno no católico. Si volvemos ahora, por un momento, a la teoría del estado naciente, nos damos cuenta de que esta elaboración no significa sino privilegiar a una componente del estado naciente: la de la autenticidad. Solamente aquello que es libre y auténtico está dotado de valor.

Es menester a esta altura poner claramente en evidencia un hecho: este proceso por el cual las instituciones interiorizan el peso de la prueba y del límite *debe repetirse para cada nuevo movimiento*. Un movimiento que surge siempre viola el pacto, se erige en un principio como algo absoluto, rehace el pasado y anuncia el fin de la alienación y de la miseria. Tal es su naturaleza, inmodificable. A esto debe su capacidad de renovación. Sólo decretando la muerte de algo y un nuevo principio puede proseguir la vida. Es durante el proceso de institucionalización que el movimiento debe de alguna manera definirse y renunciar a la totalidad que ha vislumbrado y anunciado, que debe aprender estas o aquellas reglas. En una civilización cultural toma (aprende) su lenguaje. En la "civilización" occidental aprende qué límites debe asumir como valor. Por ello cada movimiento sacude desde sus cimientos a esta civilización. La sacude aún más profundamente que a una civilización cultural. Cada vez, la herencia cultural, la transmisión cultural debe afrontar a este "mutante" y enseñarle a hacer ciertas elecciones y no otras. El movimiento hippie anunciaba el fin de la sociedad mercantil, utilitarista y alienada. Se le reclamó tan sólo no tratar de imponerlo. El movimiento hizo propio este límite y aceptó las reglas del juego. El naciente feminismo anunció un mundo radicalmente renovado por las mujeres, el fin del "pensamiento" machista, la transformación de todas las relaciones sociales y de todos los valores hereditarios de milenios y milenios de historia. Mas su institucionalización tuvo lugar a través de la renuncia a ciertas cosas y el favorecimiento de otras. Resultó de ello un movimiento promotor de programas particulares, afirmador de derechos particulares dentro de la estructura fundamental de la civilización occidental.

Vemos así que los movimientos sacuden verdaderamente a la sociedad, obligan a las instituciones a interrogarse en profundidad acerca de sus valores últimos. Su surgimiento es en verdad la ocasión de un redescubrimiento de algo universal dotado de valor. Si el desafío no se llevara al extremo, al único nivel que cuenta, el de los absolutos, no podría haber renovación. La capacidad de la civilización occidental está en dirigir esta terrible y destructiva carga hacia las reglas supremas del juego. Más correctamente, está en el transformar parte de esta energía de renovación en norma. En cada oportunidad, decíamos, se viola el pacto. En cada oportunidad es renovado. Pero podría no serlo. Si la renovación es auténtica, el pacto será realmente despedazado. Por un instante la sociedad queda suspendida sobre el abismo de la infinitud de lo posible. Mas, puesto que quien se movió deseaba la autenticidad y la libertad para sí y para los demás, puesto que quien se movió deseaba la verdad resplandeciente y evidente para todos, aquí se le toma la palabra, aquí se le solicita que cree sus normas para que esto ocurra. Mas quien pone esas condiciones debe, a su vez, demostrar que las respeta. El pacto nace de la aceptación recíproca del límite, del respeto recíproco de la misma norma que realiza aquello que el movimiento ha prometido. Es entonces necesaria la ruptura del pacto para que éste sea renovado. Y renovar el pacto significa convertir bilateralmente la esperanza en norma. Sin el estado naciente y el movimiento no existiría la esperanza y sería por ello imposible su conversión en norma. La norma, sin embargo, debe mantener la promesa.

Un típico ejemplo de esto es el caso de la democracia. Todo movimiento al nacer descubre la unanimidad. No necesita de representantes ni votaciones porque el estado naciente produce unanimidad. La democracia nace de la suposición de que esta unanimidad no existe y debe ser verificada. El voto es la expresión de un escepticismo respecto de la unanimidad. En los movimientos, el voto secreto es considerado una traición a su unanimidad, a su verdad. Mas la democracia requiere la duda y el voto. En los términos del estado naciente, sólo puede requerirlo en nombre de la autenticidad y de la libertad individual. Ambas deben asegurarse también al disidente. Es así una norma, un límite que asegura un valor que es parte de la promesa. Esta es *la transformación de la promesa en norma*. Hasta la unanimidad se mantiene: bajo el único elemento de las reglas, bajo la votación. El momento del voto es así, al mismo tiempo, el momento de la unanimidad y de la diferencia. *Pero la norma debe mantener a la promesa*. Ella ha prometido libertad individual, autenticidad y unanimidad. Todo ello debe mantenerse sólo si la gente se expresa, participa, va a votar. La campaña electoral, como institución, sustituye al movimiento, se pone en su lugar. En ella se reconstituyen muchas de las experiencias del movimiento. Y, tras una encendida campaña electoral, el momento del voto es también el momento de la unanimidad dentro de las reglas del juego. Pero todo esto requiere participación. Si la gente no participa, no se interesa, no vota, la institución perece. Ella no mantiene la promesa. Por esto, la forma no basta, se necesita la participación, la experiencia verdadera, real.

La democracia occidental es el más simple ejemplo de la conversión de la promesa (del estado naciente) en norma, y del pedido, hecho a la institución, de mantener la promesa. Naturalmente, el peso de mantener la promesa incluye también a los programas. En esto se piensa cuando se habla de democracia. Hay, sin embargo, un nivel más profundo, como el examinado ahora, en el que los programas no están todavía en juego. Si un movimiento debe "aprender" a votar, esto es, debe hacer del voto un fin del proceso mismo de institucionalización, entonces el funcionamiento real de la campaña electoral y del voto debe responder a las profundas exigencias que el movimiento ha revelado. Las extenuadoras primarias norteamericanas, el aparato de coreografías, fiestas, manifestaciones de la campaña electoral responden a esta exigencia. Todos son invitados, estimulados a participar, a expresarse, a hacer algo. Se suceden emociones y golpes de efecto. Y existe, difundida, la esperanza de una renovación. En muchos aspectos la elección presidencial americana semeja la gran fiesta de la sociedad antigua. Como ésta, dura un tiempo enorme: un año entero. Sufren la política interna y en especial la externa. Este comprometerse es sin embargo un signo de vitalidad. El otro signo es el rigor de las reglas formales, las expectativas elevadísimas, casi sagradas, centradas en la figura del presidente que debe encarnar los valores morales de todo el país. Aquí la conversión de la esperanza en norma hace que de la norma se espere una elección carismática: la elección del mejor.


## 6. Conclusiones y problemas

La sociedad moderna occidental se funda en un proceso dialéctico entre transformación no solidaria (científico-técnico-económica) y transformación solidaria (los movimientos) con la producción de instituciones racionales. Puesto que la promesa de los movimientos es siempre la misma, el fundamento de legitimidad de occidente se centra en que la institución realice el máximo posible de esa promesa en dicho momento histórico. Sin embargo, el desarrollo científico-técnico crea nuevas posibilidades y reabre el problema. La tradición de lo moderno es el precipitado histórico del modo en que han sido formuladas las preguntas y criticadas las respuestas. A principios del siglo XX el impetuoso proceso de transformación había puesto en crisis a este mecanismo. En el próximo capítulo nos ocuparemos de esta crisis y de sus respuestas.

167

# VI. EL DESCONTENTO DEL SIGLO XX

## 1. Tras las guerras de religión

Hemos ya comparado a la primera parte del siglo XX con el de las guerras de religión. Chocaron entre sí movimientos que intentaban instaurar una civilización cultural planetaria, reconstituir un orden social y cultural inquebrantable. Hoy esta misma tentativa parece proponerse solamente en el caso del Islam. Sin embargo, el atraso científico-técnico y cultural de los países islámicos lo torna impracticable. Por otra parte, algo que ocurrió hacia la mitad del siglo ha hecho renunciar —al menos en los países más desarrollados— al intento de reconstituir un ordenador monolítico. El factor más importante ha sido ciertamente el peligro de una guerra atómica. Una tercera guerra mundial involucraría armas nucleares y tendría consecuencias catastróficas. Fue precisamente a comienzos de los años '60, cuando las dos superpotencias competían haciendo explotar bombas cada vez más grandes, que se difundió el horror atómico. Mes a mes subía el índice de contaminación radioactiva, un peligro que todos percibían claramente, que los golpeaba directamente y que golpeaba a sus objetos de amor. Simultáneamente surgía la conciencia de la finitud y vulnerabilidad del planeta. Es en aquellos años cuando se desarrollan las primeras investigaciones ecológicas, cuando surgen los primeros movimientos inspirados en la ecología. Es en aquellos años que la fantaciencia —hasta entonces optimista— se vuelve angustiosa y proyecta un futuro de destrucción y degradación del planeta. Pero al margen de este factor fundamental se ha agregado otro al que, en general, no se da importancia. La fecha de su aparición puede colocarse en el año 1969, cuando los hombres pusieron su pie sobre la Luna y encontraron un mundo muerto, totalmente privado de interés. En los años sucesivos se tuvo la certeza de que también los planetas del sistema solar eran mundos inhabitables. En cuanto a las estrellas, puesto que la velocidad de la luz es inalcanzable, aun las más cercanas son inaccesibles. Por otra parte, la galaxia y el universo entero se expanden. Todo cuerpo huye de la Tierra, y cuanto más lejano lo hace más velozmente. En un sistema que no tiene centro alguno, la Tierra misma se convierte en el centro. En un sistema en el que todo carece de vida e interés o es inalcanzable, la única cosa dotada de valor puede ser la Tierra. Los científicos ya sabían estas cosas, mas la fantasía y la esperanza continuaban considerando al espacio como una frontera. De él se esperaban amenazadores invasores o inteligencias salvadoras. En él se encontrarían nuevas tierras y nuevos mundos para conquistar y colonizar. En cambio, nada. Psicológicamente es como si hubiésemos retornado al sistema tolemaico, con una sola diferencia: en torno de la Tierra, que sigue siendo el centro, ya no hay cielos y estrellas fijos y las divinas armonías. Hay solamente un vértigo de espacio, cuerpos llameantes, mundos muertos y luego lo inalcanzable. El mundo de Tolomeo, pero sin la protectora vigilancia de un cielo armónico. El único lugar habitable es la Tierra, la única especie inteligente es el hombre, la vida deberá desarrollarse aquí y en ninguna otra parte. Todos los problemas están acá. Toda amenaza nace acá y acá debe ser resuelta. El único peligro para la humanidad proviene del hombre. Los peligros provienen de la contaminación, de las transformaciones técnicas de la naturaleza, de la guerra. Una guerra termonuclear es como una batalla mortal en una nave perdida en un océano sin costas, absurda como una lucha de pollos en una jaula.

Por otra parte, el modelo de civilización que se está extendiendo por todo el planeta es el occidental. En él el desarrollo científico-técnico-económico es frenético. Todo el planeta va, inevitablemente, hacia la industrialización. Todas las formaciones políticas existentes o en formación se mueven en la dirección de un acrecentamiento de la potencia industrial y militar. Cualquier intento o sugerencia de limitar la población o la industrialización en las áreas no desarrolladas es visto —lógicamente— como un método para perpetuar la actual división internacional del trabajo y, por lo tanto, las diferencias económicas y políticas existentes. La división entre países desarrollados y subdesarrollados crece, pero crece también la presión para su reducción. Ya algunas áreas, como la árabe-islámica, gracias al aporte de su riqueza petrolífera, han iniciado un proceso de impetuosa modernización acompañado de procesos de reconstrucción solidaria fundados sobre una revitalización de su ordenador cultural. De ello derivan las fases de clausura y de apertura a la influencia occidental, tal como ocurrió en el pasado en Japón, en la URSS o en China. En todas partes el resultado de este proceso ha sido una síntesis que promueve la modernización. En otros lugares, y en particular en Brasil, se están constituyendo las precondiciones para la emergencia de nuevas potencias económicas y políticas. Tampoco la proliferación nuclear se podrá evitar. El resultado previsible es un mundo cada vez más urbanizado e industrializado en el que compiten diversas potencias político-económicas. Un mundo en el que la explotación de los recursos naturales será cada vez más intensa, los consumos cada vez más elevados. Un mundo más y más artificial en el que el equilibrio climático, biológico, social, puede ser despedazado, con consecuencias incalculables. ¿Este es el mundo de la abundancia? Del consumo y del consumo creciente, sin duda. Sin duda también del agotamiento de los recursos, de la alteración profunda de los equilibrios naturales. Mas difícilmente será el mundo de la abundancia. Lo es hoy para los países desarrollados. Pero cuando los millones de habitantes del planeta pidan un modo de vida análogo al que hoy es de unos pocos, la abundancia será imposible. La ciencia y la tecnología deberán combatir nuevas y desconocidas carencias.

Todas las ideologías, las previsiones, los programas surgidos en el siglo pasado y principios del presente tenían como presupuesto un aumento ilimitado de recursos. El último de la serie fue Marcuse, quien confiaba a la desaparición de la necesidad la posibilidad de eliminar la represión adicional y, por lo tanto, de liberar a los impulsos hasta ese momento consagrados a fines productivos-reproductivos. La cosa es, sin más, verdadera para los fines de reproducción. La abundancia de población ya ahora está produciendo una caída de la fertilidad y una profunda, radical transformación de la ética sexual. En un mundo en el que la vida media aumenta y la natalidad terminará por reducirse sin duda a poquísimos hijos, la estructura de la familia debe necesariamente transformarse. En la sociedad más industrializada la ética ya ha asumido la desvinculación entre sexualidad y reproducción. Erotismo y reproducción se hacen independientes. Es posible así el desarrollo de un erotismo a lo largo de direcciones que antes estaban prohibidas. Distinto me parece, en cambio, el problema de la producción, porque al respecto no se ha dicho en absoluto que el desarrollo de la informática y de la cibernética signifique automáticamente una menor producción y transformación física. La actual tendencia de desarrollo nos lleva hacia una producción enormemente mayor con un empleo de mano de obra enormemente menor. Tal vez, en un tiempo no lejano, todo el actual requerimiento de automóviles sea satisfecho por unas pocas fábricas altamente automatizadas. Pero lo que no se sabe es si se podrán construir automóviles o, más simplemente, usarlos. También las centrales nucleares pueden ya producirse con facilidad, mas con igual facilidad son rechazadas.

Las sociedades más desarrolladas están viviendo una abundancia a nivel de masa que era absolutamente inimaginable en el pasado. Esta misma abundancia parece estar a disposición de los otros que, por ahora, quedan excluidos. La separación entre sexualidad y reproducción ha liberado al erotismo, por lo cual el mundo occidental se encuentra en una época de libertad sexual y de búsqueda del placer que le da una neta impronta hedonista. No obstante, se cierne sobre todo esto una amenaza que nos promete un futuro indescifrable. Las sociedades desarrolladas carecen de una imagen definida del futuro, no pueden imaginarlo. Pesa sobre el mundo la posibilidad de una pérdida que encuentra su expresión más significativa en el terror atómico y en el terror de una catástrofe ecológica. Bajo la presión de esta pérdida potencial las cosas que tenemos, que amamos, se constituyen en valores. Esta presión de la pérdida es la que ha hecho prevalecer en la segunda mitad del siglo una orientación más fría, más racional. El intento de imponer una única civilización cultural habría llevado a la catástrofe atómica y así a la pérdida de lo que se trataba de afirmar. Especialmente en los años '70 ha prevalecido netamente en la política internacional una voluntad de equilibrio que, en ciertos aspectos, nos recuerda a la política europea entre la paz de Utrecht y Radstadt y la Primera Guerra Mundial.

## 2. Analogía histórica

Al principio del siglo XVI el ordenador cultural cristiano se quebró y comenzó una lucha político-religiosa que duraría más de un siglo. Ninguno de los contendientes logrará prevalecer. Los católicos continuarán confinados al área de influencia augsbúrgico-española, los luteranos al centro de Europa, mientras la internacional calvinista, no obstante sus continuos éxitos locales, terminará siendo derrotada en todas partes en su intento de instaurar un reino teocrático: la república de los santos. Durante esta época —que por simplicidad llamamos de las guerras de religión—, en el seno de cada confesión sus participantes viven la experiencia de ser los portadores de la verdad, de la esperanza, de la redención. Mas para afirmarla ellos deben prevalecer sobre los otros, destruirlos, erradicar su vida y su pensamiento. En el seno de cada confesión hay "creyentes" que no dudan ni por un instante de su razón. Pero al margen del conflicto, cada vez más numerosos a medida que las guerras se hacen cada vez más crueles y parecen alejarse más y más de cualquier ideal cristiano-evangélico, están quienes se preguntan si estos creyentes no tienen, en realidad, todo tergiversado, no son todos fanáticos que han ya perdido el sentido mismo del mensaje cristiano. En la Guerra de los Treinta Años, el significado religioso de la guerra se desvanece: ya los católicos combaten contra los católicos, los protestantes contra los protestantes: la religión ya no es más una guía segura para defenderse. Al final de la guerra se verá que el entusiasmo religioso ha provocado la más espantosa ruina económica y moral. Ningún hombre *razonable* puede pensar en instaurar el cristianismo evangélico por esos medios. Entre lo que se intentaba realizar y lo que se obtuvo corre un abismo insalvable. El obrar del entusiasta religioso, del fanático religioso parece irracional si se lo confronta con cuanto él mismo dice querer realizar.

Hacia la mitad del siglo XVII tuvo lugar un profundo cambio de mentalidad, en todos los niveles. El deseo de instaurar la república de los santos, o el reino de la religión, o el verdadero cristianismo, pasó a ser políticamente considerado una locura, un acto irracional. El hombre religiosamente inspirado, dispuesto a incendiar el mundo, el entusiasta, fue confinado a los conventos (en los países católicos) o marginado (en los protestantes). La religión se volvió —sobre todo en el norte— un asunto privado; el soberano debía estar más allá de la fe. Respecto de los daños provocados por el entusiasmo religioso, una conducta más modesta como la búsqueda de lo útil en la profesión personal aparecía como una virtud; la competencia capitalista, un modo de actuar pacífico respecto de las guerras de religión. A nivel internacional se estableció un equilibrio de poderes: si cualquier potencia trataba de alterarlo a su favor, las demás se aliaban para restablecer el equilibrio. Hubo innumerables guerras, pero todas locales. Ni siquiera la Revolución Francesa y la aventura napoleónica lograron agrietar el mecanismo emanado de la paz de Utrecht y Radstadt, porque el Congreso de Viena lo pondrá nuevamente en funciones. Hasta el año 1914 Europa reencontró una unidad de valores en el rechazo a los imperialismos político-religiosos, a los "fanatismos" y a la crueldad.

Los nuevos movimientos colectivos europeos fueron en esta época los movimientos nacionales. Precisamente, la delimitación de la nación como espacio circunscripto, espacio liberado que se yuxtapone a otros espacios liberados, caracteriza la renuncia a un deseo de dominio universal. Los valores de la Revolución Francesa entran como valores constitutivos de los movimientos nacionales, mas, de tal modo, suponen ser realizados en el interior de la nación. Quien los difundiera por Europa, Napoleón, chocará con ellos cuando intente construir un imperio francés. La libertad, la igualdad, la fraternidad y todas las demás promesas del movimiento deben ser realizadas dentro de los confines nacionales. La institución que surge en estos siglos —el *Estado-Nación* moderno— presupone así el fin de los imperialismos político-religiosos. Los valores son universales, descubribles y realizables en cualquier parte, pero dentro de ámbitos limitados, autónomos. El límite está inscripto en el proyecto mismo del movimiento. Los nuevos movimientos son "hermanos", el nuevo orden internacional vislumbrado es el de las "patrias", todas gobernadas por los mismos principios universales y, primero entre todos, el de la autodeterminación y soberanía nacionales. Así, en este período, la razón no es solamente una norma de desconfianza hacia el entusiasmo religioso, es una perspectiva positiva que propone lo que es deseable en sí mismo y para todos. Es sólo con la guerra de 1914-18 que este orden multipolar se rompe y hace su aparición el período de los imperialismos y las guerras ideológicas. Es sólo hacia la mitad de los años '60 que se asiste a una inversión de esta tendencia.

La guerra de Vietnam ha mostrado claramente este umbral. Desplegando toda su potencia armada, Norteamérica habría vencido fácilmente: pero no pudo desplegarla. No pudo destruir con las bombas atómicas los senderos de Ho Chi-minh, como reclamaba Barry Goldwater. Terminó por negociar, por revertir el conflicto con China en una alianza de hecho. Kissinger era perfectamente consciente de estar imitando a Metternich en su intento de cerrar una época revolucionaria mediante la reconstitución de un sistema diplomático.[1] Lo que Kissinger no ha entendido es que su tarea se hacía posible porque un movimiento revolucionario del tipo de los surgidos al principio del siglo se estaba volviendo imposible a los ojos de los mismos revolucionarios. Esto pudo verse en la última gran revolución, la islámica de Khomeini. Ella no se ha

---

[1] Henry Kissinger: *Diplomazia della Restaurazione*, Garzanti, Milán, 1973.

propagado a todo el islam proclamando la guerra santa al mundo entero, ni siquiera ha tratado de rehacer al mundo todo como otras revoluciones. ¿Quién habría podido tener el coraje de amar a los revolucionarios islámicos? Ni la URSS ni los Estados Unidos lo han hecho. Cada uno de ellos habría podido tomar ventajas sobre el otro, pero era muy riesgoso, quizá demasiado riesgoso. También otras fuentes potenciales de "desorden" fueron neutralizadas. En particular, el movimiento sindical polaco que, sólo diez años antes, hubiera desembocado en una intervención militar soviética. Estos fenómenos siguen a una larga serie de casos análogos, como en Portugal, en Grecia, en España, donde regímenes totalitarios dejan su lugar no a otros regímenes totalitarios expansivos, sino a instituciones de tipo democrático occidental. Hasta en Nicaragua el proceso ha sido distinto: no ha surgido otra Cuba. Una compacta intervención político-diplomática internacional trata de refrenar a toda potencial crisis explosiva. Podemos agregar otros hechos, como las guerras limitadas entre la India y Pakistán, la intervención vietnamita en Camboya y la breve invasión china, intervenciones como la de Tanzania en Uganda, toleradas, si no autorizadas, por la comunidad internacional. Por último, el acceso de los negros al poder en Rhodesia sin la masacre o la expulsión de los blancos, como también hubiera ocurrido sólo pocos años antes. No se puede tratar de una serie de coincidencias. Se tiene la impresión de que, lentamente, fatigosamente, se estuviera poniendo en movimiento algo que recuerda a la diplomacia setecentesca. Si el equilibrio de poder es turbado, se forman nuevas coaliciones que lo restablecen: objetivo último, evitar la guerra. Se sustituye las pasiones político-ideológicas por la razón que calcula las consecuencias. El entusiasmo por sí solo lleva a la catástrofe, significa el automático naufragio de cualquier proyecto. Por otra parte, el sistema político internacional ofrece siempre salidas de compromiso, las premia, las sostiene. Lentamente se expulsa el entusiasmo de las grandes decisiones internacionales: puede manifestarse a nivel limitado, nacional o regional, a condición de que no desborde, de que no ponga en peligro a todo el sistema. Es sin duda algo que recuerda al privatizarse de la religión en la segunda mitad del siglo XVII y a la desconfianza hacia lo que en el siglo precedente habían provocado las guerras de religión.


## 3. El neorracionalismo

El punto de partida de esta racionalidad es el terror a perder lo que es deseable para cada uno, lo que tiene valor en sí mismo para cada uno. La guerra termonuclear y la catástrofe ecológica comprometen —indiscriminadamente— a todo lo que tiene características de ser como valor prescindiendo de las diferencias y de las contraposiciones. Frente a la eventualidad catastrófica, todos, individuos y colectividades, se encuentran en la situación de potencial pérdida del objeto y, por lo tanto, se ven obligados a seleccionar lo que ellos consideran esencial, lo que debe ser defendido contra la potencia de lo negativo. El mundo contemporáneo, también en esto, nos recuerda profundamente la situación descripta por Hobbes. Para Hobbes, la sociedad en que arreciaban las guerras de religión estaba constituida por individuos portadores de intereses, deseos, pasiones, unidos por un único y dramático problema: la supervivencia. Portadores de deseos ilimitados, ellos no estaban realmente en condiciones de asegurarse la precondición de cualquier satisfacción, esto es, la vida. El valor supremo que invoca el esquema teórico de Hobbes es la supervivencia individual. No podría funcionar si los hombres prefiriesen la muerte a una vida desagradable. En realidad, los grupos político-religiosos que beligeraban en aquel entonces elegían la segunda posibilidad. En la realidad histórica del momento, lo que determinó la elección de la supervivencia fue el fracaso, la imposibilidad de hacer prevalecer el propio modelo utópico del mundo. Son los grupos religiosos vencidos los que deben redimensionar su propio proyecto y aceptar a la vida, o sea, la cotidianeidad de su acción. El primado de la vida, es decir de la conservación de las propias posibilidades de acción para no perder todo, es producto de la derrota, del fracaso de los proyectos hegemónicos. Para Hobbes, todos son portadores de intereses y de pasiones individuales porque ante sus ojos ya no hay ningún objeto colectivo que merezca este nombre. Queda tan sólo una polvareda de idiosincrasias individuales y de grupo que no merecen el nombre de valores. Nosotros no podemos adoptar el mismo punto de vista simplificado. Sabemos que los individuos y los grupos están en relación con los objetos individuales y colectivos dotados de valor. La amenaza de la catástrofe —que produce la situación del objeto-que-es-perdido— hace emerger a estos objetos dotados de valor, los selecciona e impone ordenar a las demás cosas a su alrededor. Pero no deriva de esto un único objeto colectivo, sino una enorme dispersión, porque en la situación del objeto-que-es-perdido lo que se reactiva es aquello que ya tenía valor. Lo que ha sido llamado reflujo o retorno a la privacidad tiene el siguiente origen: el descubrimiento y la reafirmación de cosas juzgadas y experimentadas como esenciales a nivel individual o colectivo, todas igualmente amenazadas por la potencia de lo negativo. Es un gran movimiento de conservación pero también de selección, porque la enorme mayoría de las cosas deseadas no parece, a la luz de la prueba suprema, realmente esencial. Este sacudimiento del mundo no produce entonces una simple afirmación de lo ya deseado, sino una redefinición continua de lo que es esencial, una búsqueda de lo que tiene valor por sí mismo y de lo que es medio adecuado para esto. Cada uno —individuo o grupo— la cumple separadamente y tiene la impresión de que los demás proceden de manera radicalmente distinta. En realidad, si hay una cosa que caracteriza a nuestra época es la búsqueda de lo que tiene valor, y la "crisis de los valores" se debe —hoy— tanto a una búsqueda espasmódica de lo nuevo que nace del incesante proceso científico-técnico-económico, cuanto a la fragilidad de las cosas que hasta ayer se juzgaban esenciales y que frente a la prueba suprema no superan el examen.

¿Se puede sostener a esta altura que está surgiendo ya un nuevo objeto colectivo, común a toda la humanidad, dotado de valor? Muchos lo sostienen y piensan en el planeta como tal, como lo vieron los astronautas desde el espacio o desde la Luna: la astronave Tierra, como ha sido llamada. En realidad, la astronave Tierra es todavía un concepto abstracto, las realidades vivientes son siempre y solamente las sociales. Por ahora el objeto dotado de valor amenazado es el propio objeto personal o el colectivo particular. La amenaza al planeta la representa el peligro de perderlo. Por lo tanto, en esta fase es esto lo que se refuerza y adquiere valor, y sólo lentamente se abre camino el sentimiento de una profunda interdependencia de todas las cosas.

El estímulo por descubrir cosas que tienen valor por sí mismas, unido al hecho de que este descubrimiento ocurre en el momento en que se nos rinde cuenta de su vulnerabilidad, de su total precariedad frente a la potencia de lo negativo, confiere a esta fase histórica de la cultura contemporánea un notable carácter *subjetivo*. La situación del ser-que-es-perdido es —por definición— fuente de la experiencia del valor subjetivo. Dado que se trata de un proceso generalizado, podemos también decir que esta época se caracteriza por la afirmación *del derecho a la existencia de los valores subjetivos*. La exigencia de reconocimiento de valor no surge de la pretensión de que ese valor sea algo que todos deben compartir. Mi

179

hijo, mi religión, mi dialecto, mi grupo religioso o político, mi placer personal, mi personal libertad no reclaman su derecho a la existencia porque son parte del *unum, verum et bonum* que debe ser aceptado y amado por todos así como lo acepto y lo amo yo. Ellos reclaman derecho a la existencia en cuanto son mis valores subjetivos; el derecho universal que se requiere debe garantizar su valor en cuanto subjetivos. Aquello que subjetivamente está dotado de valor requiere ser reconocido y protegido en su particularidad. Esta situación nos reconduce también a Hobbes o, mejor, a la realidad dentro de la cual Hobbes escribía: es el mundo de las sectas que reclaman derecho a la existencia renunciando a su pretensión totalitaria. En aquel entonces era el subjetivizarse de la religión, hoy es el subjetivizarse de todo. Hoy como entonces, lo que no puede ser subjetivo es el límite que constituye la precondición para el derecho a la existencia. Quien desea conquistar el mundo no puede apelar a un derecho subjetivo. El derecho deriva de una renuncia a la pretensión totalitaria, de una renuncia a desafiar y poner en crisis a las demás subjetividades dotadas de valor. Dicho en otras palabras, nuestra época se caracteriza por la constitución de áreas —personales, de grupo, étnicas, políticas, económicas, religiosas— que solicitan protección y derecho a la existencia. Una extensión desmesurada del elenco de los "derechos del hombre" tal como van delineándose bajo el estímulo de la transformación científico-técnico-económica y tal como emergen cual exigencias dotadas de valor —puntos sin retorno— de los nuevos movimientos. Todas estas demandas no tienen como interlocutor a un soberano, sino que se dirigen a la colectividad en general y a las instituciones existentes. Cada una de estas demandas significa la renuncia a una soberanía total y la apelación a una soberanía que las garantice, una soberanía que no existe aún pero que es evocada precisamente por este proceso.

De esta situación derivan dos consecuencias. Una es la afirmación —como en el tardío Seiscientos o en el Setecientos— del utilitarismo y del eudemonismo. La lógica hobbesiana significa sobrevivir, y sobrevivir, estando lo mejor posible, *significa obtener el máximo posible de alegría de un mundo que es lo que es* y que puede volverse enormemente peor. Al mismo tiempo se da el lento madurar de la voluntad de eliminar el peligro. Ya está ocurriendo ahora. De tal manera podemos razonablemente esperar que en los próximos años se afirme un imperativo categórico por el cual nadie pueda anteponer un objeto de valor particular cualquiera a la conservación de lo que es la precondición del ser y de la conservación de los objetos de valor. Una norma ética universal no es una simple formulación abstracta. Ella nace del continuo repetirse de la amenaza de una destrucción total por obra de alguien. En los años que vendrán, el peligro de una amenaza de destrucción total por obra de un poder negativo cualquiera terminará por entrar en el cerebro de todos como posibilidad real, peligro siempre presente a evitar y conjurar como el peligro mayor. Esta amenaza debería *entrar como elemento constitutivo* de los objetos dotados de valor, cualesquiera que ellos sean. A cada objeto de valor aislado —mi hijo, mi partido, mi país, mi movimiento, etcétera— le incumbe la amenaza suprema de que pueda ser totalmente despedazado por esta forma universal de la potencia de lo negativo. El control, el encierro, la prisión de esta potencia devastadora terminará entonces entrando como piedra fundamental en la construcción de los objetos. Esa potencia —a este nivel— no es un fin, sino un medio, un medio esencial y siempre recurrente, para su conservación. Será un proceso lento que se desenvolverá de maneras diversas en los diversos ambientes, pero cuyo resultado último debería ser la constitución de un imperativo categórico radicado en la práctica cotidiana, de un criterio cotidiano de juicio extendido a todos los ambientes. De él puede hasta ahora darse una formulación: "Actuarás siempre de manera de impedir que en ti o en cualquier otra persona puedan crearse el deseo, las condiciones y las posibilidades de destruir a la humanidad y al planeta en que vives."

## 4. El dominio de la imprevisibilidad

El neorracionalismo que se expresa a través de la diplomacia, el eudemonismo y, más en general, el desencantamiento del mundo a los fines de la supervivencia, comportan un particular malestar de la civilización típico de esta época histórica. El uso cada vez más difundido de la técnica para resolver los nuevos problemas y controlar sus posibles efectos crea continuamente situaciones nuevas y produce una incertidumbre creciente. Hay, en la forma misma del desarrollo científico-técnico-económico, algo que lo hace rehuir a sus propias intenciones. Aun el obrar más activo y empeñado produce algo no deseado. Cada corrección técnica genera nuevos problemas. La entropía, eliminada por una parte, aumenta en la otra. Es una forma particular de alienación que se difunde en la sociedad industrializada como una oscura percepción de impotencia. Por otra parte, el puro flujo de la espontaneidad aparece también subterráneamente amenazador, cargado de peligros. El desencantamiento del mundo no es algo que sucede, es algo perseguido y deseado; sin embargo, se lo sufre como una renuncia. Para indicar la situación que resulta de todo esto, Bloch habría usado la expresión "insípido".

En conjunto, la suma de los dos factores produce otra situación que el modo de pensar habitual no expresa acabadamente. Este modo de pensar, puesto que proviene de la tradición, continúa favoreciendo a la contraposición entre placer y deber; entre impulsos, deseos y pa-

182

siones por un lado, y prohibiciones, normas, frenos morales por el otro. También en el psicoanálisis: por una parte los impulsos del yo, por otra parte las prohibiciones del superyó. No queda ninguna duda de que este sistema es verdadero. Sin embargo, en base a lo que hemos dicho hasta ahora es dudoso que caracterice de modo específico al mundo moderno. La contraposición entre impulsos que buscan el placer y frenos morales caracteriza más bien a las civilizaciones culturales donde existe un sistema dividido en acciones buenas/acciones malas, acciones consideradas virtuosas, meritorias, y acciones consideradas reprobables, culpables. Una civilización cultural, en cuanto institución, prescribe acciones que son medio para un fin último y éste es siempre la perfección y la felicidad. Seguir esta particular directiva de conducta significa excluir a otras posibles líneas de acción, resistir a los deseos, a las sugestiones, a las "tentaciones" de lo diferente. Así, todo lo que no entra en la directiva de acción aprobada se presenta ante la conciencia como impulso, presión, tensión a lo cual se debe vedar el acceso. La existencia de una prescripción positiva definida, detallada, constante, hace reagrupar a todo el resto en la categoría de las "pulsiones" que tienden al placer inmediato. Sólo aquello que es éticamente prescripto y apreciado es el lugar del correcto actuar, del correcto sentir, del correcto conocer. El resto, lo diferente, no es sólo lo que se opone, es también el lugar del engaño, de lo caótico, de lo carente de sentido. La acción virtuosa requiere conocimiento, aprendizaje, voluntad, y se destaca como una zona de luz inteligible sobre un fondo de error que promete, mas no da placer porque es intrínsecamente falaz. El hombre virtuoso debe discriminar de entre sus impulsos el que conduce al fin último y descubrir, en el resto, al engaño que acecha. Él debe saber que las pasiones, los deseos, los instintos que le prometen el placer inmediato en realidad le hacen perder el "verdadero" placer que es la promesa última de la moral.

Con el desarrollo del mundo moderno las posibles líneas de acción se han multiplicado. El ejemplo más típico nos lo da el desarrollo capitalista en Europa durante el medievo. En él un cierto tipo de obrar económico racional, que no sigue o aun se opone a las prescripciones éticas del cristianismo, produce riqueza y bienestar. De ello deriva la fractura entre un ideal de vida evangélico fundado en la pobreza y lo que la sociedad y la gente en realidad desean y persiguen: la riqueza, el bienestar, el conocimiento de cosas distintas. El deseo de dinero y riquezas continúa siendo catalogado como "codicia", algo que pertenece al orden de los impulsos y del instinto y debe ser refrenado. La civilización cultural cristiana ha tratado el problema mediante la doctrina de las obras, esto es, dando valor a las obras que se pueden hacer con el dinero. El instinto, la codicia, son así puestos al servicio de un fin más alto. El mercader, gracias a sus ganancias, podrá luego realizar obras meritorias a los ojos de los hermanos cristianos, de los pobres o de la iglesia. No obstante, no existe una "santificación" directa de la acción mercantil o bancaria, así como en cambio hay una santificación del trabajo o de la guerra (en caso de guerra justa y santa).

Max Weber ha dado justamente una grandísima importancia a la ética calvinista en cuanto capaz de santificar directamente a la acción económica y al obrar económico racional. El modo de integración anterior adjudicaba al deseo de lucro, al cálculo del mercader o del banquero, el carácter del obrar instintivo inmediato propio de la pasión. Con la ética calvinista, en cambio, la búsqueda racional del beneficio deja de ser una pasión y pasa a ser una acción ética. Se conserva la definición de instintivo y caótico para el consumo, entendido como despilfarro, derroche, abandonarse a los instintos y a los impulsos inmediatos. Todo el aparato conceptual del utilitarismo y de la economía moderna como ciencia se basa en el

184

surgimiento de esta asunción de eticidad y racionalidad por parte del obrar mundano. El mundo moderno se caracteriza por la división del trabajo. Ya no puede existir una única clase de acciones meritorias. Es necesario un criterio y un método para considerar meritorias (para santificar) acciones extremadamente heterogéneas y aun opuestas. Un mismo paraguas ético debe cubrir la acción del obrero que trabaja en una mina y del capitalista que se lleva las ganancias, del campesino que se queda en la tierra para conducir una vida miserable y de quien la abandona en busca de trabajo y fortuna, de quien produce la ley y del abogado que trata de eludirla. Mas en general debe dar sustancia ética a un sistema competitivo en el que cada uno, como individuo o como parte de una organización, realiza acciones que contrastan con cuanto hacen los demás. El resultado será la aprobación de una cierta clase de acciones competitivas conducidas dentro de las reglas del juego de la competencia: es la idea de la competencia económica, política, cultural. Estando orientada a recuperar la dimensión ética al obrar y al suceso económico, esta ética terminó sin embargo por santificar el éxito realizado y provocó una violenta reacción de condena por parte de quienes quedaban excluidos del juego o se sentían perjudicados por él. El único país donde tal ética se implantó de hecho a nivel de masas son los Estados Unidos. En el resto del mundo y también en Europa continental el enriquecimiento y la búsqueda del éxito continuaron siendo considerados un impulso, una "codicia". Los varios movimientos socialistas y luego la civilización cultural marxista dieron consistencia a este modo de sentir. El capitalista —para ellos— es insensible a las más altas cualidades humanas, porque está enceguecido por el provecho. En la civilización cultural marxista ha sido así plenamente reconstituida la dicotomía acción según la moral/acción dominada por la pasión y el impulso.

En occidente, al fin, se abrió camino un modelo que

recuerda al cristiano del medievo tardío: las acciones que no pueden ser juzgadas meritorias de por sí pueden serlo en vista de los resultados a que conducen: los vicios privados producen efectivamente virtudes públicas, los egoísmos, en su juego, producen bienestar colectivo. Mas se trata, fundamentalmente, de racionalizaciones que no ocultan la fractura. La descripción que da Weber de la ética protestante en su relación con el capitalismo se adapta perfectamente a una civilización cultural. El individuo aislado tiene delante de sí una directiva de acción que —en cuanto tal— es buena y, en cuanto buena, produce también el resultado último de la salvación. Sin embargo, en su conjunto esta ética no ha sido la base del sistema occidental. Con la división del trabajo y, sobre todo, con la división del trabajo en organizaciones complejas que producen la incesante transformación no solidaria *se ha ido constituyendo un vacío entre las prescripciones de rol social y el mundo de las acciones éticas.* Cada uno de nosotros, trabajando en una organización o aplicando una profesión, desarrolla un rol y se ajusta dentro de la moralidad intrínseca del rol. Como operario debo hacer ciertos trabajos, respetar ciertos horarios, ciertos ritmos, sin preguntarme qué produce la empresa donde trabajo. Puede producir zapatos o misiles. La prescripción del rol, mi deber como operario no cambia en ninguno de los dos casos. Lo mismo sucede para el dirigente: él tiene una profesionalidad meritoria que no cambia si se la aplica a la agricultura o a la guerra. El abogado tiene una profesionalidad que no se ve afectada por defender al inocente o al culpable. El soldado debe obedecer y matar de acuerdo a las órdenes. La madre o el padre deben trabajar para los hijos, deben esforzarse en el mercado profesional, competir con otros. El científico debe conducir sus investigaciones sin preguntarse cuál será la aplicación última o qué otros descubrimientos y aplicaciones últimas derivarán de ellas. Estas prescripciones de rol son muy limitativas y requieren un empeño, un aprendizaje y una aplicación análogos a los de la vieja moral. Pero no están integradas como las antiguas (o como sucede en la civilización cultural marxista, por ejemplo en la URSS) en un sistema de fines últimos. En algunos aspectos del sistema social, en algunos grupos o individuos, en algunos momentos de su vida, el sistema de roles asume ciertamente este significado, esto es, se convierte en algo que tiene valor por sí mismo o que tiene valor como medio para fines últimos. Hay también profesiones en las que esto es más fácil. Los docentes y los médicos pueden aún justificar su profesión en términos de misión o de vocación. Durante una guerra todas las actividades productivas se orientan hacia el objeto supremo de la batalla, y entonces las prescripciones de rol aisladas encuentran una integración. Cada uno —aun haciendo guardia delante de un tambor de gasolina— ofrece su aporte a la salvación colectiva.

La orientación de las acciones hacia los fines últimos ocurre entonces —por definición— en el caso de la formación de los valores, esto es, en las situaciones de pérdida y en el estado naciente de los movimientos. Se presenta también en las instituciones —cualesquiera que ellas fueren— en el instante de su florecimiento. No obstante, es muy difícil que este proceso contemple a toda la sociedad. El caso de la guerra es precisamente un caso límite. En general, el proceso de orientación se enciende en un punto y se apaga en otro. Deriva de esto una situación generalizada de escisión entre prescripción de rol y experiencia de eticidad. El hecho de que la prescripción de rol, la actividad especializada, pueda tener o haya tenido y pueda recuperar su significado último, conserva viva la necesidad de esta "santificación". Sin embargo, el hecho de que por lo general el deber del rol no tenga este significado hace que se lo experimente como algo incompleto, inadecuado, alienado. En este caso, que es pues el más frecuente, nos encontramos con un conjunto de deberes extremadamente constrictivos que además carecen de una dignidad ética. Entonces nosotros, cumpliendo nuestro deber, no hacemos lo que sería en realidad "justo" hacer. No hay aquí ninguna contraposición entre deber y placer inmediato, deber e impulso. La experiencia dominante no es la de combatir contra impulsos, instintos, pasiones que nos prometen el placer inmediato. La experiencia es la de estar empeñados en actividades exigentes, en tareas profesionales o familiares que nos comprometen profundamente y de las que también podemos obtener placer, pero que, en el fondo, no tienen conexión con un significado último. El científico que investiga encuentra en ello placer, busca el éxito, se siente feliz del reconocimiento de los colegas, lucha por la aplicación de sus descubrimientos. Pero, a menudo, percibe un juego que lo aleja o lo enfrenta a lo que debería tener valor. Más la misma cosa se encuentra en el dirigente empresarial que produce automóviles y se pregunta si tiene sentido producir automóviles, o en el economista que imagina métodos para aumentar la tasa de crecimiento y tiene dudas acerca de la efectiva utilidad del proceso de industrialización. Esta fractura se insinúa en los momentos más íntimos de la vida: el padre que pone extremo cuidado en la educación emotiva e intelectual de su hijo y se da cuenta de estar proyectando sus propias preocupaciones, de estar dándole lo que él no ha tenido y no lo que le servirá. En otros momentos, en cambio, la acción es plenamente investida de significado último y la discrepancia entre estas dos experiencias crea la desunión entre prescripción de rol y comportamiento ético. Repitámoslo: la contraposición no está entre deber e impulso, pasión, búsqueda del placer inmediato; no está, en general, entre deber y placer. El actuar en los límites del propio rol tiene en sí el deber y el placer, sus propias alegrías y su propio esfuerzo. Pero a ello se opone algo diferente, aquello que se "debería" en realidad hacer o querer, es decir lo que "sería" justo hacer, cómo "sería" justo vivir. Y este otro modo de ser y de actuar aparece como algo que tiene una tonalidad particular; un curso de pensamientos que permite vislumbrar regiones más intensas, más verdaderas, donde el deber coincide con un deseo total que se apaga. Tal vez la emoción la suscita escuchar cierta música; ella es la que hace arrojar contra lo existente un plano distinto y superior. Tal vez es la participación en una acción colectiva, en una manifestación, en un espectáculo, el encuentro con una persona. La explicación corriente de esta experiencia —desde que Freud escribiera *El descontento de la civilización*— dice que la prescripción de rol es lo suficientemente penosa como para poner en movimiento una necesidad de liberación de los impulsos inhibidos. Así, esto que aparece no sería otra cosa que la liberación desenfrenada de los impulsos, la fantasía de su libre desplegarse más allá de las normas y las prohibiciones. ¿Pero por qué entonces esta experiencia tiene una tonalidad ética tan relevante? En realidad, lo que se vislumbra es un punto de equilibrio distinto, donde la autenticidad se une a la solidaridad, lo individual con lo colectivo y aun con lo cósmico. No es algo que el respeto a las normas de rol *perinde ac cadaver* pueda dar. Pero tampoco es algo que la transgresión de las normas, el abandonarse a los impulsos, el desenfrenado excitarse asegure. En efecto, nosotros podemos rebelarnos contra las reglas del rol, despedazarlas, romper el matrimonio, las amistades, buscar conscientemente el máximo de placer. Mas también en este caso podemos vislumbrar una región ética distinta, que es fuente de verdadero placer. Así, esa región no es sólo el lugar de la liberación de los impulsos sino también el de los fines últimos, una cosa que se contrapone tanto a los impulsos individuales como a los deberes habituales. En un mundo que, como hemos visto, tiende a ser más y más hedonista y utilitarista pero en el que se abre camino un imperativo absoluto de supervivencia, la esperanza no se manifiesta con luz plena. Puesto que el desencantamiento del mundo se ha convertido en un medio de supervivencia, la necesidad de encantamiento y de transfiguración, de una eticidad positiva, del "justo sendero" para la felicidad personal y colectiva se transparenta como un malestar o un problema.

Este descontento deriva del hecho de que la mayor parte de las acciones que nosotros desarrollamos dentro de nuestros roles profesionales o en las actividades de tiempo libre o de consumo, no sólo no está orientada hacia los fines últimos sino que, más aún, se encuadra dentro de un catastrófico proceso de destrucción y disipación. Todas las actividades científico-técnico-económicas dirigidas a la manipulación de la naturaleza, a la producción de bienes de inversión y de consumo, aun los más indispensables, tienen en perspectiva un carácter devastador. Su valor y su mérito tienen sentido sólo en lo inmediato, o a mediano plazo, o en relación con una determinada comunidad. Construir un dique para una central hidroeléctrica y para la irrigación significa dar de comer a más personas, dejar de lado a una central atómica contaminante. Mejorar cierta tecnología permite consumir menos material, activar la balanza de pagos del país, reducir la desocupación. Los ejemplos se pueden multiplicar a gusto. ¿Por qué el ingeniero que proyecta un dique, el químico que produce un nuevo insecticida, el economista o el político que trata de mejorar la balanza de pagos de su país no deben sentirse contentos de cumplir con su deber, felices del éxito que obtienen? En el pasado todo esto bastaba, era meritorio. Mas hoy en cada una de estas acciones hechas para el bien de los demás, requeridas por la colectividad, se oculta parte de sus consecuencias que en suma distorsionan sus fines. Aumentando la irrigación no se evita la degradación del suelo o la escasez de agua. Los más ingeniosos programas de racionalización tecnológica producen en la competencia respuestas aún más eficaces.

La desocupación, eliminada de un país, es exportada a otro, y éste deberá recurrir a sus posibilidades, en una competición sin fin. Nadie puede evitar la competencia porque cada detención es un regreso, una pérdida, un peligro. Quien no logra éxitos es culpable frente a sus contemporáneos. Mas quien tiene éxito resulta culpable —o potencialmente culpable— frente al futuro. Un oscuro sentimiento de culpa para con las generaciones futuras está penetrando en el corazón de la generación actual. De allí derivan dos consecuencias. La primera es la retórica, el obsesivo sostener los valores de lo que en el fondo no se sabe si tiene valor. La segunda es un aumento de la tolerancia hacia las nuevas generaciones, como compensación por lo que se les está preparando. Cada tanto, además, se encara la esperanza de que ellos puedan encontrar la llave de algo que se nos escapa.

La orientación racionalista que está prevaleciendo en la segunda mitad de nuestro siglo es el indicio de una prudencia ante la posibilidad de catástrofes mayores. Pero si bien se la lleva adelante, esta actitud racionalista *no puede derrotar al demonio de la imprevisibilidad* de las consecuencias de las acciones no solidarias y su inevitable resultado negativo. Ella sólo puede poner remedios, evitar catástrofes, refrenar lo que en su impetuoso desarrollo promete ser terrible. Es una acción que se cumple prevalentemente en la vertiente negativa, la del límite, y en la cual no se ve la esperanza de una transfiguración de la vida y del mundo, sino tan sólo un remedio parcial, siempre falible, a lo que la voluntad transformadora produce. El propio imperativo ético del uso de la técnica hasta haber experimentado su fracaso está suscitando vacilaciones. En ese sentido se han dirigido los trabajos de Illich, de Schumacher[2] y de todos quienes han criticado a

---

[2] Ivan Illich: *Nemesi medica*, Mondadori, Milán, 1977; Ernst F. Schumacher: *Piccolo è bello*, Mondadori, Milán, 1978.

las técnicas y buscado tecnologías más apropiadas. Poco a poco se va difundiendo la convicción de que, en el largo plazo, los recursos cruciales de una civilización no pueden ser los de la manipulación técnica, sino los *recursos internos*. De aquí la importancia, la primacía de la ética y la ética política en nuestro tiempo.

Aprisionada en la Tierra sin poder dejarla y sin inteligencias celestes que la vigilen, la especie humana está preparando el último asalto a los recursos de un territorio que, hasta hace poco tiempo, su mano prometía transformar en un nuevo edén. Pero la suya es una mano devastadora y al final no habrá ningún edén sino sólo desierto. El edén es un sueño del corazón y de la mente del hombre, pero ya no se lo puede buscar ni en el nuevo mundo, ni en una isla feliz del otro lado del mar, ni en la abundancia tecnológica, ni en la socialización de los medios de producción. El edén está en el corazón del hombre, pero junto con otras cosas: la voluntad de opresión y de dominio, la codicia, la irracionalidad, la mentira. La única definición de poder que se presta a un análisis ético es aquella según la cual el poder no es sino la otra cara de los deseos, de los fines, de los objetivos de los hombres. Si un individuo o una colectividad tienen fines, deseos, esperanzas y su realización depende de algún otro, entonces nosotros decimos que el segundo tiene poder sobre los primeros. Cada necesidad, cada deseo, cada amor produce cierto poder en algún otro. El amado tiene un inmenso poder sobre la persona que lo ama y su poder es todavía mayor si no corresponde al amor, porque quien lo ama depende de él pero no a la inversa. Todo el proceso científico-técnico-económico es un proceso que genera dependencia, que constituye poderes. Incluso el acto que produce el valor por medio de la pérdida genera un poder. El poder de la potencia de lo negativo que sustrae es el poder sobre quien es privado de algo.

En una época de escasez tras la abundancia, ¿qué

formas de poder pueden generarse, qué luchas, en consecuencia, pueden producirse? Todo lo que habíamos llamado civilización y progreso moral es nuevamente desa-
fiado a muerte, y en forma aún más grave. Detrás de la
máscara de la abundancia y la dilapidación se muestra la
pérdida, la opresión de los débiles por los potentes, se
muestran nuevas y temibles injusticias y, por lo tanto,
elecciones decisivas de las cuales dependen todas las demás.

La ética, tal como surgió en sus orígenes en la pérdida y en el *novum*, es siempre una respuesta vital, una modalidad de supervivencia, una más plena producción de
existencia que tiende a la felicidad. Hoy es como si ella se
encontrara en un punto crucial de su evolución: sobrevi-
virá y progresará si sabe hacer la elección justa, encontrar
el punto de contacto entre su naturaleza, su historia y la
respuesta del ambiente en el que vive. Si racional es lo que
mantiene la promesa, elecciones racionales serán aquellas
que eviten la devastación salvando, no eliminando, al
progreso moral ya realizado.


## 5. Tradición de civilización

La específica forma de descontento de esta segunda
mitad del siglo XX es entonces resultado de la prudencia,
del prevalecer de los mecanismos de la pérdida sobre los
del nacimiento. Nosotros vivimos una crisis de valores,
muchos hablan del fin del bien y del mal y elogian al nihilismo no porque no existan normas universales, sino precisamente porque toda nuestra vida colectiva está aprisionada por normas surgidas del temor. Así, está quien
trata de justificar esta situación condenando toda forma
de esperanza y de entusiasmo, está quien trata de rebelár-
sele declarando su absurdo. Todas estas reacciones son
expresiones del "descontento" de una sociedad que

—con motivos fundados— tiene miedo del proceso que genera fines últimos y, por medio del dilema, el bien y el mal.

Este libro no trata de apoyar a la tendencia dominante de la indiferencia, sino que se le opone. No obstante, no lo hace en nombre de la liberación del deseo y del entusiasmo. No contrapone al desencantamiento del mundo un nuevo encantamiento, la esperanza en el retorno de una nueva civilización cultural con sus tablas de la ley, sus certidumbres y sus fanatismos. Le contrapone otra cosa, lo que hemos definido como la tradición de lo moderno y, de allí, el progreso moral. En los próximos años veremos la producción de fines últimos. No hay ninguna duda de que ocurrirá. El proceso de transformación no solidario destruye la solidaridad preexistente, abre nuevas posibilidades, crea nuevos potentes y nuevos oprimidos. Las innovaciones tecnológicas, los descubrimientos científicos modifican el ambiente en que viven los hombres, mutan objetivamente sus relaciones. La escasez que vuelve a asomar en el planeta provocará temibles experiencias de pérdida e —inevitablemente— nuevos movimientos, nuevas ideologías totalizantes. Todo esto es, para usar una expresión de Salvatore Veca,[3] historia natural, es lo que ocurrirá y no hay ningún motivo para pensar que no ocurra. No sirve para nada entonces elogiar a la indiferencia o al entusiasmo, a la prudencia o al deseo. Una sociedad no puede vivir sin valores, y por eso los produce. En el mundo moderno los produce a través de momentos de discontinuidad, por medio de catástrofes. Lo importante es entonces cómo estos procesos de formación de los valores son elaborados social y culturalmente. Como hemos visto, toda situación de pérdida o de *novum* provoca una ruptura del pacto social, suspende nuevamente a la convivencia civil sobre el abismo de lo posible. En ese

[3] Salvatore Veca: *Le mosse della ragione*, Il Saggiatore, Milán, 1980.

momento la fuerza con que debemos contar es el tipo específico de tradición de lo moderno que ha permitido en los últimos siglos el progreso político y moral. De acuerdo con esta tradición, los individuos y las colectividades no deben evitar el terror de la pérdida, no deben rechazar la experiencia de la esperanza, no deben eludir el dilema. Pero deben hacerlo en un cierto modo. El precipitado histórico de los criterios con que debe formularse la promesa y de los criterios de juicio sobre su inobservancia constituye el patrimonio ético-político específico de nuestra civilización. Precipitado histórico quiere decir *tradición*. Nosotros no somos una civilización cultural, no tenemos un libro sagrado, una *torah*, una *sharia*, pero tenemos los criterios para decidir qué es mejor y qué es peor, tenemos una historia de progreso político y moral. Pensando en el desafío del futuro, en el demonio de la imprevisibilidad, en la inevitable aparición de la escasez y de los conflictos, en la inevitable aparición de nuevas ideologías totalitarias que dan sentido unitario al mundo, debemos observar a esta *tradición* y al progreso que ella demanda. Un momento de discontinuidad puede precipitarnos nuevamente en la barbarie; las experiencias del stalinismo, del nazismo, del terrorismo son muy cercanas y pueden reaparecer. Una sociedad que se vanagloria de estar más allá del bien y del mal promete sólo egoísmo, opresión, elogio de la fuerza. Rehacerse en la tradición de lo moderno significa oponerse a estas soluciones, perseguir el progreso moral. Hemos comprobado la existencia de un saber de lo verdadero y lo justo que siempre tenemos la posibilidad de reencontrar. Ese saber, empobrecido y enriquecido con el paso del tiempo, es lo que da origen a la civilización. Hay una libertad que se afirma sólo en lo íntimo y que puede perderse en lo inauténtico si no se la mantiene firme con coraje. Hay una totalidad de esperanza que se nos revela (y que estamos condenados a perder, porque ésa es nuestra condición), pero que debemos tomar como guía. Esta es la promesa. Hay por fin una racionalidad que debe vigilar cerca y lejos a fin de que, cada vez, la promesa —la que sea posible en esa época— sea mantenida. Todo esto es patrimonio común de los hombres, la herencia que cada generación debe transmitir enriquecida, revelada, transformada en institución. Cuanto más grande es el desafío, tanto más este deber es posible y meritorio.

Colección
**LIBERTAD Y CAMBIO**